Kathrin Hohmann

Ich sehe, was du brauchst

Wie wir Kinder heute in die Welt begleiten

AF637541

Kathrin Hohmann

Ich sehe, was du brauchst

Wie wir Kinder heute in die Welt begleiten

HERDER

FREIBURG · BASEL · WIEN

Für all die Kinder dieser Welt

MIX
Papier | Fördert gute Waldnutzung
FSC® C010798

© Verlag Herder GmbH, Freiburg im Breisgau 2024
Alle Rechte vorbehalten
www.herder.de

Satz: ZeroSoft, SRL
Herstellung: GRASPO CZ, A.S.
Illustrationen: Frau Sonnenberg

Printed in the Czech Republic

ISBN Print 978-3-451-60134-7
ISBN E-Book (EPUB) 978-3-451-83260-4

Inhalt

Vorwort

Strenge, Disziplin, Gehorsam, Strafen und Konsequenz wurden viele Jahrzehnte lang als unabdingbar für eine erfolgreiche Erziehung betrachtet. Doch die Forschung zeigt, dass strenges, unnachgiebiges und autoritäres Erziehen Folgen für die psychische Gesundheit von Kindern hat. Es wirkt sich langfristig negativ auf ihr Selbstwertgefühl aus, führt dazu, dass sie das Gefühl der Hilflosigkeit verinnerlichen und als Erwachsene nicht gut mit ihren Gefühlen umgehen und Stress oft schwer bewältigen können.

Glücklicherweise sehen wir Kinder mittlerweile mit ganz anderen Augen als unsere Eltern und Großeltern. Wir wissen, dass Zweijährige ihre Emotionen nur sehr schwer selbst regulieren können und auch Gefühle wie Wut wichtig sind und ausgelebt werden sollten. Wir wissen, dass die Entwicklung der Impulskontrolle auch im Grundschulalter noch nicht abgeschlossen ist und Kinder darauf angewiesen sind, dass wir ihnen helfen, sich selbst zu regulieren. Wir wissen, dass unangemessenes Verhalten nicht dazu dient, uns absichtlich zu provozieren oder Grenzen auszutesten, sondern immer ein Signal dafür ist, dass wichtige Grundbedürfnisse unseres Kindes nicht erfüllt sind. Daher versuchen wir nicht mehr, das Symptom „schlechtes Verhalten" durch Bestrafungen und andere entwürdigende Maßnahmen zu bekämpfen, sondern hinter das Verhalten zu schauen, die Ursachen zu verstehen und immer wieder mit unseren Kindern ins Gespräch zu kommen. Das Ziel der heutigen Erziehung sind nicht mehr angepasste und funktionierende Kinder, stattdessen wünschen wir uns für unsere Kinder eine sichere Bindung, die freie Entfaltung ihrer Persönlichkeit und ein stabiles Selbstwertgefühl. *Ich sehe, was du brauchst* zeigt, was es dafür braucht und wie wichtig es ist, dass auch wir Eltern uns selbst mit viel Aufmerksamkeit begegnen.

Das umfangreiche Wissen über die kindliche Entwicklung verbunden mit dem Wunsch, es anders als die eigenen Eltern zu machen, und die nach wie vor fehlende Vereinbarkeit von Beruf und Familie führen in vielen Familien zu einem hohen Grad an Erschöpfung. Wir sind darauf bedacht, möglichst alle Bedürfnisse unserer Kinder zu erkennen und schnell und feinfühlig zu erfüllen. Problematisch ist, dass wir uns dabei immer wieder überfordern und unsere eigenen Bedürfnisse schnell aus den Augen verlieren. Aus Sorge, etwas falsch zu machen, haben wir außerdem manchmal Schwierigkeiten damit, Grenzen klar zu Formulieren oder die Führung zu übernehmen, wenn dies notwendig wäre, weil unsere Kinder entwicklungsbedingt Situationen noch nicht ausreichend gut selbst einschätzen können.

In unsere Elternschaft haben wir einen Perfektionsanspruch entwickelt, dem man nicht gerecht werden kann – aber auch gar nicht muss! Viel wichtiger ist es, achtsam mit den uns zur Verfügung stehenden Ressourcen umzugehen und die Aufgabenverteilung in der Familie im Auge zu behalten. Dieses Buch zeigt, wie wir Kinder achtsam und bedürfnisorientiert begleiten können, aber gleichzeitig unser eigenes Wohlbefinden im Blick behalten können. Es ermutigt uns als Elternpaar, darüber ins Gespräch zu kommen, ob die Verteilung der Care-Arbeit und des Mental Loads so gestaltet ist, dass alle Beteiligten ausreichend Zeit und Kraft für Selbstfürsorge haben.

Ein weiterer wesentlicher Aspekt für die Erziehung auf Augenhöhe ist die Verarbeitung der eigenen Kindheit. Durch unsere eigene Prägung greifen wir immer wieder auf Verhaltensweisen zurück, die uns selbst widerfahren sind und von unserem Gehirn als „normaler Umgang mit Kindern" abgespeichert wurden. Kathrin erklärt, warum diese unseren Kindern schaden, wie wir aus unseren Verhaltensmustern ausbrechen und was wir stattdessen tun können. Sie zeigt, wie wir Stressoren schneller erkennen und unsere Fähigkeiten zur Regulation unserer Emotionen verbessern können, so dass unser Familienleben entspannter wird und der Umgang mit unseren Kindern mehr Leichtigkeit gewinnt.

In diesem Buch steckt eine einzigartige Mischung aus fundiertem Wissen über die kindliche Entwicklung, langjähriger Berufserfahrung im pädagogischen Bereich und jede Menge Herz und Liebe zu Kindern. Es begleitet und unterstützt Eltern, sich selbst und ihre Kinder besser zu verstehen und macht Mut, die besonderen Herausforderungen der bedürfnis- und beziehungsorientierten Elternschaft zu meistern. Ich wünsche Dir viel Spaß mit diesem großartigen und einfühlsamen Wegweiser, der eindrucksvoll und pragmatisch zeigt, wie wir unseren Kindern Halt geben, zugewandt führen und zur Orientierung liebevoll Grenzen setzen.

Danielle Graf

Einleitung

Täglich erlebe ich Situationen, in denen Kinder auf einfühlsame Weise begleitet werden. In diesen Augenblicken verspüre ich eine innere Erleichterung, mein Stresspegel sinkt schlagartig. Anders ist es, wenn ich beobachte, dass Kindern von Erwachsenen Trost, Schutz oder Verständnis verwehrt wird und sie in ihrem Handeln missverstanden werden. In solchen Momenten überkommen mich Trauer, Wut oder sogar Hilflosigkeit. Es schmerzt mich zutiefst, und eine innere Stimme drängt mich dazu, mich einzuschalten und den Kindern eine Stimme zu verleihen.

Kinder in ihren Gefühlen und Bedürfnissen zu verstehen und ihr Verhalten zu entschlüsseln, ist oft keine einfache Aufgabe. Besonders dann nicht, wenn wir selbst mit Herausforderungen und Stress konfrontiert sind oder unsere eigenen Bedürfnisse in unserer Kindheit falsch interpretiert oder übersehen wurden.

In meinen Augen sollte es nicht dem Zufall überlassen sein, wie ein Kind aufwächst. Schließlich haben alle Kinder von Geburt an die gleichen Rechte – zumindest theoretisch. In der Praxis jedoch hängt es von den Umständen ab, in welches Umfeld sie hineingeboren werden. Kein Kind kann sich aussuchen, ob es in Wohlstand oder Armut aufwächst, ob es in Deutschland oder anderswo auf der Welt seine Kindheit verbringt und welche Art von Bezugspersonen seine Entwicklung begleiten. Es hängt von den zufälligen Faktoren des Lebens und dem individuellen Schicksal ab, in welche Welt Kinder hineinwachsen. Und auch wir waren einst solche Kinder, die ihre Herkunft nicht wählen konnten.

Wir alle, die dieses Buch in den Händen halten, haben unsere eigene Geschichte in uns. Jeder von uns trägt seinen Rucksack gefüllt mit Erlebnissen und Erinnerungen, die uns gestärkt und geprägt haben, aber auch mit Schmerz und Leid. Und auch unsere Bezugspersonen haben ihre eigenen Geschichten und Erfahrungen.

Doch eins haben wir alle gemeinsam: Wir tragen die Verantwortung dafür, den uns anvertrauten Kindern eine friedliche Kindheit zu ermöglichen, fernab von körperlichem und seelischem Leid. Kinder haben ein Recht darauf, geschützt, gefördert und in ihrer Entwicklung unterstützt zu werden. Sie sollten Sicherheit, Geborgenheit, Anerkennung, Wertschätzung und Liebe erhalten, ohne dass sie sich diese verdienen müssen.

Diese Verantwortung lastet auf einigen Schultern schwer, und so begegnen mir in meinen Workshops und Beratungen Eltern und pädagogische Fachkräfte, die sich überfordert fühlen. Menschen, die an ihre Grenzen stoßen, die Ohnmacht und Erschöpfung spüren. Menschen, die schwer an ihrer eigenen Geschichte tragen und hart an sich arbeiten, um diese nicht weiterzugeben. Menschen, die ihr

Bestes geben und unter dieser Last drohen zusammenzubrechen. Aber auch Menschen, die unerreichbar scheinen, umgeben von einer harten Hülle.

Für all diese Menschen habe ich dieses Buch geschrieben. Es ist ein Buch über unsere Elternschaft, die uns täglich viele Glücksmomente beschert und uns gleichzeitig darin herausfordert, in die von uns gewünschte Richtung zu segeln. Den Kurs der achtsamen und bedürfnisorientierten Elternschaft zu halten, kann im Trubel des Alltags mächtig schwer sein. Immer mehr Eltern fühlen sich erschöpft und dem Burn-out nahe. Andere sind verunsichert und fragen sich, wie sie ihre Kinder im Alltag bestmöglich begleiten können, ohne dabei auf Strafen und andere althergebrachte Erziehungsmethoden zurückzugreifen. Auf diese Fragen findest du in diesem Buch Antworten. Es bietet dir Übersetzungshilfen für alltägliche Momente mit deinem Kind und enthält vielfältige Tools, die du nach Belieben ausprobieren kannst.

Im Vorfeld des Buches habe ich mit vielen Eltern gesprochen und zudem eine Umfrage[1] durchgeführt, um genauer zu

---

1 Für die Umfrage habe ich einen Online-Fragebogen entwickelt und Eltern über die sozialen Netzwerke dazu eingeladen, mir (offene sowie geschlossene) Fragen zum Thema „Elternschaft heute" zu beantworten. Es haben an der Befragung ca. 413 Personen teilgenommen (die Werte schwanken, da nicht jede Frage beantwortet wurde). Der Fragebogen wurde zu 93,2 % von Müttern, 6,3 % von Vätern sowie 0,5 % durch „andere Nennung" beantwortet. Ein Großteil (89,6 %) der Befragten lebt mit dem anderen Elternteil des Kindes zusammen, 5,6 % waren alleinerziehend, 1,7 % in einer Patchworkfamilie, 0,5 % allein mit dem Kind (2,7 % gaben andere Varianten an). Die Hälfte der Befragten haben zwei Kinder (50 %), 29,4 % haben ein Kind, 17 % drei Kinder, 3,4 % vier und 0,2 % haben

erfahren, wie es Eltern im Familienalltag geht, welche Situationen für sie besonders schwierig sind, was ihnen hilft und worauf sie selbst stolz sind. Kinder liebevoll, mit Fürsorge und in Geborgenheit zu begleiten und dabei auf Strafen zu verzichten, ist der gewünschte Weg vieler Familien. Was in den Rückmeldungen jedoch auch deutlich wurde und was mich beängstigt, ist die Tatsache, dass Elternschaft für einen Großteil der Familien herausfordernd und erschöpfend ist.[1] Es gibt viele Stellschrauben, an denen wir drehen müssten, um uns vor dem Ausbrennen zu schützen. Einige dieser Schrauben sind für uns schwer zugänglich, sie betreffen zum Beispiel die Politik, aber auf andere haben wir Zugriff. Um diese soll es in diesem Buch gehen; es soll dir Anreize und Entlastung schenken. Wie ein guter Freund beim Teetrinken möchte mein Buch dir zur Seite stehen, Ideen schenken und liebevolle und vor allem leicht umsetzbare Impulse geben. Versteh es bitte als ein Angebot wie ein buntes, reichhaltiges Buffet, an dem du intuitiv entscheidest, welche Idee du gern mitnehmen und ausprobieren magst und welche du getrost liegen lässt.

---

mehr als vier Kinder. Die Altersstrukturen sind überaus bunt, von 0 bis in das Erwachsenenalter hinein. Die Kinderbegleitung zu Hause teilen sich 20,2 % gleichberechtigt auf. Bei 71,2 % verbringt die befragte Person mehr Zeit mit dem oder den Kind:ern. Bei 6,9 % ist es der oder die Partner:in, die sich mehr der Begleitung widmet (Rest andere Nennungen). Knapp jede vierte Familie hat zusätzliche Unterstützung durch andere Familienmitglieder, Au-pair, Babysitter:in etc. Das bedeutet, dass ein Großteil der Familien den Alltag zu Hause ohne diese Unterstützersysteme bewerkstelligt.

Warum ich dieses Buch schreibe

Ich habe diese Vision in mir: Ich möchte, dass Kinder ihre persönlichen Schätze – ihre Persönlichkeit, ihre Eigenarten, ihre Charakterzüge und die Begabungen, die sie mitbringen, wenn sie zu uns stoßen – bewahren können. Dass sie Menschen begegnen, die sie beim Wachsen begleiten, ohne an ihnen zu ziehen, sie zu verbiegen oder gar zu brechen. Damit dies möglich ist, braucht es Begleitpersonen, die Kinder verstehen lernen, um ihnen bestärkend zur Seite zu stehen.

Kinder brauchen zugewandte Übersetzer:innen, die nicht ihr Verhalten bewerten, sondern ihre Signale wahrnehmen und die meist unsichtbaren Bedürfnisse dahinter erkennen. Ich habe dieses Buch geschrieben, um dir als Übersetzerin zur Seite zu stehen und dich an meinen Erfahrungen und Kenntnissen teilhaben zu lassen.

Ich selbst wuchs in Ostberlin in einem grundsätzlich liebevollen Zuhause auf, mit Eltern, die an mich glaubten. Bereits sehr früh wurde ich ganztägig außerfamiliär – weniger behütet – betreut. Der Wind dort wehte rau und kühl. Als ich nach dem Abitur ein Praktikum in einer Krippe machte, wurde ein inneres Feuer entfacht, das mich seither dazu antreibt, den mir anvertrauten Kindern eine Stimme zu geben. So studierte ich vor zwanzig Jahren Kindheitspädagogik und absolvierte einen Master in der Sozialen Arbeit mit dem Schwerpunkt Familie. Kurz darauf gründete ich einen eigenen Kitaträger in Berlin und leitete diesen über einige Jahre nach den Grundlagen der bindungsorientierten Pädagogik. Seit geraumer Zeit bin ich nun als Fortbildnerin und Beraterin für das Thema Bedürfnisorientierung tätig und komme täglich mit spannenden Menschen ins Gespräch. Daneben bin ich meinen Kindern zu Hause unfassbar dankbar für all die emotionalen Lernmomente. Sie sind mein größter Antrieb! Und es vergeht kein Tag, an dem ich mich nicht intensiv mit dem Thema beschäftige oder mich durch sie mit Sätzen wie: „Mama, das ist aber keine gewaltfreie Erziehung!“ konfrontiert sehe.

Wäre ich Gärtnerin geworden, so wüsste ich vermutlich nach all der Lehr- und Lernzeit, wie ich mit den mir anvertrauten Pflanzen und Blumen umzugehen habe, damit sie prächtig gedeihen und kein Blatt welkt. Vermutlich würde nach all der intensiven Zeit, die ich – vielleicht ähnlich wie du – damit zugebracht habe, mehr und mehr zu erfahren, ein riesiger bunter Garten blühen, in dem sich Schmetterlinge und Bienen zu Hause fühlen.

Nun ist es mit der Fauna bekanntlich nicht so einfach wie mit der Flora, da wir Menschen keine studierbare Gebrauchsanweisung mit auf die Welt bringen, ganz individuell sind und im Vergleich zu den Pflanzen weit mehr und schwerer ablesbare Bedürfnisse haben. Und nicht nur das: Wir kommen zudem nicht unbeschrieben auf die Welt, sondern bringen bereits angeborene Merkmale (eine eigene Persönlichkeit, genetische Veranlagungen etc.) mit. Und je nachdem, wie die Umwelt – also auch wir als die engsten Bindungspersonen – auf diese reagieren, verändern Kinder sich in unterschiedlicher Art und Weise. All das macht es tagtäglich so spannend und auch herausfordernd!

Die uns anvertrauten Kinder in ihrer Entwicklung zu begleiten, ist ein vielschichtiger und intensiver Weg, der kein

Ende zu haben scheint. Ein Leben lang haben wir unzählige Anlässe, an denen wir üben dürfen, das Elternteil zu sein, das wir uns selbst als Kind gewünscht haben. Ich bin dankbar, dass ich dich ein kleines Stück auf deiner Reise begleiten darf.

Kathrin Hohmann

Jedes Verhalten hat einen Sinn und ist ein Versuch, sich ein Bedürfnis zu erfüllen.

UM UNS EIN BEDÜRFNIS ZU ERFÜLLEN, GIBT ES VIELE UNTERSCHIEDLICHE WEGE, DIESE NENNEN WIR STRATEGIEN.

1. Ich sehe, was du brauchst!

Bedürfnisorientierung als Weg

Werden wir Eltern, tritt eine riesige Veränderung ein, von der wir zuvor nicht ahnten, was diese mit uns macht. Jede Reise durch die Elternschaft ist individuell und nicht mit einer anderen vergleichbar. Was uns vereint, ist vermutlich, dass wir ein bestimmtes Bild oder ein gewisses Ideal in uns tragen, wie wir uns ein Leben mit Kind(ern) vorstellen.

Je nach unseren Erfahrungen und Vorbildern stehen wir den Herausforderungen gelassen oder eher angespannt gegenüber. Ich erinnere mich sehr gut daran, dass ich, als ich vor vierzehn Jahren das erste Mal Mutter wurde, keine Sekunde daran zweifelte, dass mir diese Aufgabe spielend von der Hand gehen würde. Ich war mir sehr sicher, für diesen „Job" gewappnet zu sein, schließlich hatte ich Kindheitspädagogik studiert und bereits viele Erfahrungen im Umgang mit Kindern gesammelt. Was ich dabei völlig außer Acht ließ, war, dass ich im Job die Verantwortung nur stundenweise trug. Ich wusste so viel – und irgendwie gleichzeitig auch nichts. Und obwohl im Laufe der Jahre meine Erfahrungen als Mutter wuchsen, so fühlte und fühle ich mich durch neue Entwicklungsschritte immer wieder neu auf die Probe gestellt. Auch meine anfängliche Überzeugung, dass ich mit jedem weiteren Kind und wachsender Erfahrung gelassener werden würde, musste ich überdenken, denn mit jedem weiteren Kind, das ich in unserer Familie begrüßen durfte, lernte ich ein neues und einzigartiges Individuum kennen.

Welche Eltern wir sind und wie wir unsere Elternschaft empfinden, hängt mit so vielen Faktoren zusammen und anders als anfangs gedacht, war mein Studium nicht der Garant dafür, die „perfekte" Mutter zu sein. Um unserer Wunschvorstellung von dem Elternteil, das wir gerne sein würden, zu entsprechen, befinden wir uns auf einer – ich würde meinen – lebenslangen Reise, auf der es keine Pausen gibt. Manchmal fühlt sich diese wie Urlaub an und manchmal wie schwere Arbeit. Und all das darf sein und ist okay!

Mein persönlicher Weg veränderte sich grundlegend, als ich begann, mich mit einer achtsamen und bedürfnisorientierten Begleitung von Kindern zu beschäftigen und diese in mein Leben zu integrieren.[2] In diesem Buch möchte ich dich ohne Anspruch auf Vollständigkeit ein Stück an meinen Erkenntnissen teilhaben lassen, die für mich im täglichen Miteinander einen Unterschied machen. Und bei all dem ist das Entscheidende nicht, *was* wir tun, sondern vielmehr, *wie* wir es tun. Unsere innere Haltung ist ausschlaggebend. Hierbei spielen drei Grundpfeiler für mich eine wichtige Rolle: unsere Gefühle, unsere Bedürfnisse und unsere Grenzen.[3]

Die eigenen Gefühle spüren, erkennen und ausdrücken zu können und letztlich zu regulieren, ist für unsere Gesundheit wichtig. Denn wenn wir auf unsere Gefühle nicht hören, diese unterdrücken oder auch fehldeuten, versperren wir den Gefühlen ihre wichtige Funktion. Gefühle sind in uns spürbar, sie gehören uns selbst, und auch wenn es sich oft anders anfühlen mag, sie werden nicht von außen hervorgerufen. Mein Ärger und meine Wut gehören mir, genauso wie meine Freude. Sie entstehen zum einen durch Gedanken, denn je nachdem, wie wir über etwas denken, so fühlen wir auch.[4] Stell dir vor, du hast es gerade eilig und denkst: „Ich komme sicher zu spät und dann bekomm ich richtig Ärger.“ Vermutlich wirst du angespannter und ängstlicher sein, als wenn du denkst: „Wenn ich Ruhe bewahre, schaffe ich alles. Ich brauche mir keine Sorgen zu machen, alles ist gut so, wie es ist.“

Zum anderen entstehen Gefühle durch Bedürfnisse. Wir können unsere Gefühle wie einen inneren Kompass nutzen, denn sie zeigen uns an, ob unsere Bedürfnisse erfüllt sind oder um Erfüllung bitten oder gar drängen. Daher ist es in der bedürfnisorientierten Begleitung ein Ziel, die Kinder in ihren Gefühlen feinfühlig wahr- und ernst zu nehmen, sodass sie lernen, ihre eigenen Gefühle zu verstehen, zu übersetzen und zu regulieren. Hierbei weisen mir verschiedene Grundsätze den Weg.

Jedes Gefühl darf sein. Gute oder schlechte Gefühle gibt es nicht. Natürlich gibt es Gefühle, die wir lieber fühlen als andere. Verstehen wir hingegen die Funktion von Gefühlen, dann erkennen wir, dass ihre Bewertung uns daran hindert, sie ganz neutral als Signalgeber zu nutzen. Im Grunde fühlen wir immer, auch im Schlaf, und tun somit uns selbst und auch unseren Kindern Gutes, wenn wir lernen, unsere bunte Gefühlspalette anzunehmen, statt sie zu unterdrücken oder zu beurteilen. Dadurch können wir – mit etwas Übung – diese innere Kraft, die unsere Gefühle mit sich bringen, für uns gebrauchen. Studien haben gezeigt, dass bereits circa sechs Monate alte Babys Ärger und auch Angst empfinden, wenn sie einen entsprechenden Reiz wahrnehmen. Während Angst uns Menschen beschützen will, motivieren uns Ärger und Frustration, für uns einzustehen und Grenzen zu setzen. Spüren wir Trauer, dann bedauern oder betrauern wir etwas, was uns sehr am Herzen liegt. Und bei jedem Gefühl werden bestimmte Körperreaktionen ausgelöst.

Körperliche Reaktionen auf Gefühle

- Ärger/Wut: schnellere Atmung, Hitze, Anspannung, Weinen, Erstarrung, Überreaktion etc.
- Trauer: Schluchzen oder Weinen, gesenkte Schultern, Wortlosigkeit, tiefes Atmen, Rückzug etc.
- Angst: erstarrter Gesichtsausdruck, Herzklopfen, Anspannung, Erstarrung, Zusammenzucken oder Zittern etc.

- Scham: Errötung des Gesichts, Vermeidung von Blickkontakt, Bewegungslosigkeit, aber auch Lachen oder Grinsen etc.
- Freude: lebhafter Gesichtsausdruck, gespannte Körperhaltung, Lachen etc.

Es gibt Situationen, in denen wir uns unseren Gefühlen hingeben, während wir sie in anderen eher unterdrücken, überspielen oder uns von ihnen ablenken. Meist holen uns die Gefühle früher oder später ein und machen auf sich aufmerksam, sofern wir sie nicht zugelassen haben. Das kann Minuten, Tage oder auch Jahre später sein, und schlimmstenfalls führt eine Unterdrückung von Gefühlen zu psychischen Störungen. Daher ist es umso wichtiger, Kinder zu befähigen, ihren eigenen Kompass von Beginn an verstehen zu lernen und ihnen dabei als Übersetzer:in zur Seite zu stehen.

Als ich mir diese Aufgabe zu Herzen nahm, erkannte ich, dass dies bedeutete, dass ich zuerst meinen eigenen Kompass verstehen lernen und „verschüttete" Gefühle neu entdecken musste. Begleiten wir also Kinder in ihren Gefühlen nach dem Grundsatz, dass jedes Gefühl willkommen ist, – so gilt dies auch für uns. Auch wir dürfen traurig, wütend, verärgert, einsam, ängstlich, fröhlich, glücklich und zufrieden sein. Während dies für einige Menschen so normal ist, wie zu atmen, so weiß ich aus meinen Fortbildungen und Beratungen, dass für andere Menschen der Weg zum Fühlen und Übersetzen der eigenen Gefühle verschlossen scheint. Sätze wie: „Sei nicht so wütend!" oder „Du brauchst nicht traurig sein!" führen dazu, dass wir Gefühle verkennen und verneinen und schlussendlich verlernen, sie als Signalgeber wahrzunehmen.

Alle Menschen haben die gleichen Bedürfnisse, nutzen hingegen unterschiedliche Strategien, sich diese zu erfüllen. Unsere Bedürfnisse sind unser Antrieb, und in jedem Augenblick versuchen wir, uns mit unserem Tun unsere Bedürfnisse bestmöglich zu erfüllen. Wir Menschen, unabhängig von Alter oder Herkunft etc., haben die gleichen Bedürfnisse und meist auch mehrere zur gleichen Zeit in unterschiedlicher Ausprägung. Um uns ein Bedürfnis zu erfüllen, gibt es viele unterschiedliche Wege, diese nennen wir Strategien. Wir Erwachsenen sind selbst verantwortlich für die Strategie, die wir zur Erfüllung eines Bedürfnisses wählen. Kinder benötigen hierbei oft Unterstützung. Beobachtest du beispielsweise, wie Sami auf dem Spielplatz ein anderes Kind schubst, ist das Schubsen die Strategie, mit der er sich ein Bedürfnis – möglicherweise nach Verbindung, Kontakt oder Spiel – erfüllen möchte. Während wir Strategien beobachten können, also beispielsweise das Schubsen, sind Bedürfnisse als solche nicht sichtbar. Dies macht es uns oft schwer, die Bedürfnisse hinter einer Handlung zu deuten. Unsere Bedürfnisse lösen keine Konflikte aus, sondern es sind vielmehr unsere Strategien, die mit der Strategie eines anderen kollidieren oder gar eine Grenze überschreiten können. So auch, wenn Sami schubst und damit das Spiel des anderen Kindes stört.

Stell dir vor, ich beginne, neben dir Seil zu springen, während du gerade ein Buch liest. Du erfüllst gerade dein Bedürfnis nach Ruhe und Entspannung, wohingegen ich mich bewegen möchte. Unsere Strategien kommen sich vermutlich in die Quere und du spürst eine Grenze in dir, die sagt: „Ich will Ruhe und ich will nicht, dass du hier neben mir springst!" Allein das Erkennen der eigenen und der Bedürfnisse anderer und das Wissen, dass unser Tun das Ziel hat, sich ein Bedürfnis zu erfüllen, kann Verständnis hervorrufen und befähigt uns, einander zu sehen und unsere Reaktion abzuwägen, statt in dem Konflikt zu verharren.

Jedes Verhalten hat einen Sinn und ist der Versuch, sich ein Bedürfnis zu erfüllen. Wir Menschen stehen für unsere Bedürfnisse ein und kämpfen immer für uns und nicht gegen andere. Diese Leitsätze haben mir persönlich eine neue Perspektive eröffnet und immer, wenn mir ein Verhalten begegnet, das ich nicht verstehe, das ich ablehne oder durch das ich mich herausgefordert fühle, denke ich, dass das Verhalten sich nicht gegen mich richtet. Der Mensch, und dabei kann es sich um ein wütendes Kind handeln oder um eine genervte Kassiererin, schützt damit sein bzw. ihr Bedürfnis. Die Strategie, die es oder sie dafür wählt, kann ich richtig doof finden und dies auch zum Ausdruck bringen. Wenn ich dieses Verhalten jedoch nicht als Angriff werte, so schütze ich mich davor, in den Kampf zu gehen. Diese Gedanken beruhigen mich, und dadurch verändern sich meine Gefühle. So bewahre ich auch mich selbst davor, gewaltvoll zu handeln. Und wenn ich selbst Verärgerung oder Trauer fühle, lädt mich dies dazu ein, meine Grenze zu erkennen und zu schützen. Sinnbildlich spüre ich meine Grenze wie einen Hula-Hoop-Reifen, der mich umgibt und durch die Handlungen oder Worte eines Gegenübers überschritten werden kann. Der Philosoph Immanuel Kant formulierte einst so treffend: Die Freiheit des Einzelnen endet dort, wo die Freiheit des anderen beginnt.

Statt Grenzen als Distanz und Abwehr zu betrachten, lade ich dich ein, sie als Instrumente der Selbsterhaltung zu sehen, die uns anzeigen: „Achtung, schütze dich!“ Unsere Grenzen machen deutlich, was wir wollen oder was wir nicht wollen. Manchmal kennen Erwachsene und Kinder keine besseren Strategien und schützen sich, indem sie dabei einen anderen Menschen von sich schubsen oder gar angreifen. Und ohne Frage wären an dieser Stelle andere Strategien besser. Wir haben es in der Hand, ob wir auf diese „Selbstverteidigung“ mit Gegengewalt reagieren oder mit Verständnis und Liebe. Ich bin definitiv für Letzteres und übe es an jedem Tag. Mal gelingt es gut, mal weniger, und das ist okay!

Viele Jahre hatte ich zwei Grundpfeiler der Bedürfnisorientierung fest im Blick, die Gefühle und die Bedürfnisse, übersah aber die Bedeutung der Grenzen. Die Folge davon kann Erschöpfung aufgrund dauerhafter „Bedürfnisvertagung“ sein oder auch Unzufriedenheit und Unsicherheit. Mich überkamen Zweifel, ob ich meinen Kindern haltgebend zur Seite stehen kann. Mittlerweile weiß ich: Ja, das geht! Dabei haben für mich die individuellen seelischen und auch körperlichen Grenzen immer mehr an Bedeutung gewonnen. Ich habe erkannt, dass es für unser familiäres Miteinander wichtig ist, meine eigenen Grenzen zu kennen und diese zu benennen. Dadurch werde ich besser verstanden und lebe den Kindern vor, wie auch sie ohne Sorge für sich einstehen können und lernen, die Grenzen anderer zu achten. Werde ich heute gefragt, ob ich am Nachmittag Plätzchen backen möchte, gehe ich einen Moment in mich und überlege sehr genau, ob ich dem beherzt zustimmen oder beispielsweise aufgrund von Zeitnot oder Erschöpfung bewusst ablehnen möchte oder eine Alternative vorschlage. Ich achte heute auch bewusst darauf, wo genau meine Grenzen verlaufen, um am Ende des Tages möglichst noch einen Hauch von Kraft für eine liebevolle Abendbegleitung übrig zu haben.

Der Erwachsene hat einen Erfahrungs- und Wissensvorsprung und steht den Kindern begleitend und schützend zur Seite. Bleiben wir einen Moment bei den Plätzchen: Für ein Kind ist das Backen eine tolle Idee, wenn es an den Geschmack von Keksen denkt oder an das lustige Matschen und Kneten des Teigs. Und aus der Idee heraus entsteht der dringende Wunsch, das Plätzchenbacken so schnell wie möglich umzusetzen. Es denkt nicht daran, wie lange das Herstellen des Teigs dauert, dass die Butter für das morgige Frühstück auch noch reichen muss oder wie aufwendig es ist, nach dem Spaß wieder aufzuräumen. Wir Erwachsene haben diesbezüglich viel mehr Erfahrung, an der wir die Kinder teilhaben lassen sollten. Auf ihrer Basis wägen wir den Wunsch ab und treffen eine Entscheidung. Dieses Szenario kann vielseitig ausfallen: Wir stimmen zu, weil wir sowohl die Zutaten, die Zeit und die Energie haben, wir finden einen Kompromiss oder wir entscheiden uns dagegen. Wünsche und Bedürfnisse sind nicht dasselbe. Hinter einem Wunsch steckt immer ein Bedürfnis und mit Wünschen versuchen wir, uns ein Bedürfnis zu erfüllen. So kann hinter dem Wunsch, Kekse zu backen, das Bedürfnis nach Verbindung, Neugierde, Spaß und Genuss stecken. Und dieses lässt sich vielleicht auch auf andere Weise stillen.

Bedürfnisorientierung bedeutet:

- Alle Familienmitglieder werden mit ihren Gefühlen, Bedürfnissen und Grenzen gesehen und in ihren Anliegen ernst genommen.
- In einem gleichwürdigen Aushandlungsprozess werden die unterschiedlichen Bedürfnisse gegenübergestellt und nach Dringlichkeit abgewogen.
- Alle Gefühle erhalten dabei Raum und dürfen sein. Dabei ist der achtsame Kontakt mit sich selbst wichtig, um in Verbindung mit anderen sein zu können.[5]

Wir begegnen dem Kind auf Augenhöhe und mit Gleichwürdigkeit. Dies meint, dass wir die Bedürfnisse, Interessen, Gefühle und Grenzen eines jeden Menschen, unabhängig von Alter etc., ernst nehmen. Sage ich: „Du möchtest backen, *aber* ich nicht“, entkräfte ich mit dem *Aber* sofort den Wunsch des Kindes. Wenn wir seinen Wunsch gleichwürdig behandeln, wägen wir ab und sagen: „Du möchtest gern Plätzchen backen, *und* ich möchte mich jetzt gerne ausruhen.“ Unser Wissen über die kindliche Entwicklung hilft uns abzuschätzen, was wir unserem Kind zutrauen können. So wird ein Nein das Kind wahrscheinlich in der „Autonomiezeit" stärker herausfordern als im Grundschulalter, und auch Charakter und Temperament sind ausschlaggebend. Kinder auf Augenhöhe und in Gleichwürdigkeit zu begleiten, meint auch, sie so, wie sie sind, anzunehmen und nicht mit anderen zu vergleichen.

Wir dürfen Nein sagen, und das Kind darf frustriert sein; und auch das Kind darf Nein sagen, und wir dürfen uns darüber ärgern. Auch das durfte ich in den letzten Jahren immer wieder üben: Ja zu sagen, wenn ich wirklich Ja meine, und Nein zu sagen, wenn ich nicht einverstanden bin. Denn sagen wir Ja und meinen Nein und reagieren dann vor Erschöpfung gereizt, fluchen und schimpfen oder geben dem Kind die Schuld für die „doofe Idee", verletzen und beschämen wir es. Das tut weh und lässt sich vermeiden. **Kinder haben ein Recht auf eine gewaltfreie Kindheit, fernab von Beschämungen und Strafen jeglicher Art.**

Wir tragen die Verantwortung für die Erfüllung unserer Bedürfnisse. Und nun denkst du vielleicht, dass ein Nein dein Kind in große Frustration, Verärgerung und Wut versetzt und du diese Gefühlsstürme lieber vermeidest, indem du zustimmst. In der Tat kann es passieren, dass das Kind mit unserer Entscheidung nicht einverstanden ist. Dann erinnere ich mich an den Grundsatz, dass ein jedes Gefühl sein darf und ich ihm Raum schenke und es so annehme, wie es ist. Statt das Gefühl abzulehnen, spiegele ich es, halte den Raum und schenke meinem Kind Sicherheit. „Ich bin für dich da. Deine Gefühle sind okay. Du kämpfst für dich." Wir begleiten das Kind und co-regulieren, das bedeutet, dass das Kind durch unsere spiegelnde, einfühlende und unterstützende Begleitung seine emotionale Stabilität zurückerlangen kann. Wir geben ihm so die Möglichkeit zu erleben, wie es handlungsfähig bleibt oder wieder wird. Wir steuern in dem Moment nicht für, sondern mit dem Kind. Dies funktioniert jedoch nur dann gut, wenn wir selbst möglichst entspannt sind. Das heißt also: **Selbstregulation kommt vor Co-Regulation.**

Ob mir das immer gelingt, fragst du dich an dieser Stelle vielleicht. Nein, absolut nicht. „Wenn wir in unserer eigenen Kindheit nicht das Glück einer sicheren Bindung hatten, kann es besonders wichtig sein, aber auch besonders schwierig sein, uns im Hinblick auf unser pädagogisches Verhalten zu öffnen."[6] Es ist eine Reise auf einem Weg, der nicht immer einfach ist. Ich spüre hingegen, wie sehr die tägliche Übung und Erinnerung mir dabei helfen, mit mir und meinem Gegenüber milde zu sein.

Unsere eigenen Bedürfnisse zu erkennen zu geben und auszusprechen, ist deshalb so entscheidend, weil es unserem Gegenüber die Möglichkeit gibt, uns zu verstehen und uns bei der Erfüllung unserer Bedürfnisse zu unterstützen. Nicht selten beginnen wir stattdessen, durch Schuldzuweisungen für unsere Bedürfnisse zu kämpfen. Diese Form der Kommunikation kostet Kraft und endet meist in einer Sackgasse.

Da ich davon überzeugt bin, dass das gegenseitige Verständnis der Schlüssel für harmonische Familienbeziehungen ist, schauen wir uns die Bedürfnisse und Grenzen in diesem Buch noch genauer an. Es ist ein lebenslanger Weg und wir dürfen diesen Schritt für Schritt gehen. Und wie sagte der Familientherapeut Jesper Juul vor vielen Jahren: Kinder machen nicht das, was wir sagen, sondern das, was wir tun. – Wir sind ihnen ein richtungsweisendes Vorbild. Sie beobachten uns und auch, wie wir Konflikte mit dem Partner oder der Partnerin leben: miteinander oder gegeneinander.

Meine Botschaft für dich

Einer meiner Leitsätze ist: Konflikte bedeuten Fortschritt. Scheust du dich davor, eigene Bedürfnisse und Grenzen zu formulieren aus Sorge, die Harmonie könnte darunter leiden? Dann möchte ich dir Mut zusprechen. Wenn du Unstimmigkeiten ansprichst und Konflikte eingehst, wird deine Familie daran wachsen!

Mir persönlich fiel die Notwenigkeit, meine Sprache und die Art unseres Miteinanders zu überdenken, besonders auf, als ich meine Kinder einmal während eines Streits beobachtete. Plötzlich fiel es mir wie Schuppen von den Augen. Sie hielten mir den Spiegel direkt vor die Nase. Es war, als sähe ich mir und meinem Mann beim Diskutieren zu. Mir wurde klar: Wenn ich die Konfliktkultur und die Kommunikation der Kinder verändern möchte, dann „darf" ich mit gutem Beispiel vorangehen.

Bedürfnisse erkennen – und ihnen Raum geben

Im Folgenden möchte ich noch genauer auf die Bedürfnisse unserer Kinder und unsere eigenen eingehen und dir eine Idee davon geben, wie wir ihnen im Familienalltag Raum geben können. Als Eltern kommt uns die Aufgabe zu, die Bedürfnisse aller im Blick zu haben und unseren Kindern ein Vorbild zu sein. Kinder brauchen Erwachsene, die für ihre eigenen Bedürfnisse Verantwortung tragen und sich gleichzeitig darum bemühen, das Wohlergehen des Kindes in den Fokus zu rücken – ohne sich dabei aus den Augen zu verlieren. Werden Bedürfnisse nicht gesehen, so wird die Ausschüttung wichtiger Hormone behindert, wodurch ein Mensch unglücklich und krank werden kann.

Bedürfnisse zu sehen, ist ein erster wichtiger Schritt und oft ähnlich wichtig wie die Erfüllung dieser. Es geht in der Bedürfnisorientierung nicht primär darum, wie ein kleiner Helikopter um die Kinder zu kreisen und ihnen alles abzunehmen. Im Gegenteil, vielmehr geht es um die Annahme von dem, was ist. Was ich damit meine? Stell dir vor, du kommst nach einem langen und sehr anstrengenden Tag nach Hause und sehnst dich nach einer leeren Wohnung oder nach einem Bad bei Kerzenschein. Dein Bedürfnis nach Erholung und Ruhe ist sehr groß. Beim Betreten der Wohnung erwarten dich stattdessen Kinderlachen, sich stapelnde Jacken am Eingang und eine piepsende Waschmaschine. Nun könnte dein Partner oder deine Partnerin dich mit den Worten begrüßen: „Mach nicht so ein Gesicht. Mein Tag war auch stressig!“ Wie würdest du dich wohl fühlen? Er oder sie könnte aber auch sagen: „Du siehst erschöpft aus, du kannst sicher etwas Ruhe vertragen. Lass uns die Bande früh ins Bett bringen, und dann machen wir es uns gemütlich!“

Dein Bedürfnis wird nicht sofort erfüllt, es wird aber gesehen und findet Raum. Allein das macht einen großen und entscheidenden Unterschied. Wir können Gefühle und Bedürfnisse negieren oder uns ihnen zuwenden. „Gesehen ist halb erfüllt“, sagen wir in unseren Seminaren gern. Und das trifft für dich und mich genauso zu wie für unsere Kinder. Eine Ausnahme möchte ich gerne betonen: Säuglinge und kleine Kinder sind auf die prompte Erfüllung ihrer Bedürfnisse durch eine feinfühlige Bindungsperson angewiesen, um sich gut und sicher entwickeln zu können. Erst mit zunehmendem Alter und mehr Reifung gelingt es Kindern, einige Bedürfnisse selbst zu erfüllen oder aufzuschieben. Andere Bedürfnisse sind aber unheimlich dringend und können nicht auf Erfüllung warten. Die Dringlichkeit legen nicht wir fest, sondern das Kind selbst!

Wir alle haben die gleichen Bedürfnisse, unabhängig von unserer Herkunft oder unserem Alter, und oft haben wir verlernt, in uns zu hören und zu fragen: Was brauche ich? Allein wenn ich über diese Frage nachdenke, spüre ich eine Form der inneren Zuwendung, wodurch ich automatisch eine Verbindung zu mir selbst aufbaue. Das ermöglicht es mir, das Unsichtbare sichtbar werden zu lassen. Ich gehe weg von einem Verhalten hin zu dem, wohin ein Verhalten oder auch die Gefühle uns lenken wollen. Das Wort

Bedürfnis erzeugt für mich eine Brücke und ist zugleich der Schlüssel nach innen. Für Marshall Rosenberg, den Begründer der Gewaltfreien Kommunikation, sind Bedürfnisse „Offenbarungen des Lebens“[7]. Sie zeigen sich insbesondere dann, wenn sie unerfüllt sind, und werden meist durch schmerzhafte Gefühle sichtbar. Wie geht es dir mit Bedürfnissen? Welche Assoziationen ruft der Begriff in dir hervor?

Im Folgenden möchte ich dir einen kleinen Einblick in die Bedürfnisse der Kinder schenken (diese gelten daher auch für uns).

Die zentralen Bedürfnisse[8]

Es gibt verschiedene Modelle, die uns aufzeigen, was wir brauchen, damit es uns Menschen gut geht. Oft trennt man die körperlichen Grundbedürfnisse wie Schlaf, Nahrung, Trinken, Ausscheidung, Gesundheit, sicheren Lebensort, aber auch Sexualität und Bewegung sowie Ruhe und Erholung von den seelischen Bedürfnissen wie Autonomie, Verbindung, Wertschätzung etc. Im Grunde gehören sie zusammen. Bestimmte Grundbedürfnisse sollten wir besonders im Blick behalten, damit ein Kind sich gut entwickeln und gut sein kann.

- **Bindung und Zugehörigkeit**, auch Sicherheit, Vertrauen, Gemeinschaft, Schutz, Nähe
- **Orientierung und Kontrolle**, auch Grenzen, Selbstwirksamkeit
- **Autonomie**, auch Neugierde, Exploration, Abgrenzung, Individualität, Spiel, Selbstbestimmung, Wachstum, Erkundung, Kreativität, Spiel

- **Selbstwert**: Anerkennung, Wertschätzung, Resonanz, Verständnis, Empathie, Würde
- **Unlustvermeidung bzw. Lustgewinn**: lustvolle Erfahrung, Vermeidung von unangenehmen Erfahrungen

Kinder benötigen die Erfahrung von Sicherheit und Bindung, um Autonomie und Freiheit erleben zu können. Das Hin und Her zwischen diesen beiden Polen findet unzählige Male am Tag statt: Ein Kind zieht los und kommt immer wieder zu seinem sicheren Hafen zurück. Das kann die Rückversicherung eines Kleinkindes auf dem Spielplatz durch Blickkontakt zur Bezugsperson sein oder auch ein Abendritual mit einem Vorschulkind nach einem aufregenden Tag. Um sich voller Neugierde und Entdeckerfreude den Abenteuern zu stellen, benötigen Kinder das Gefühl, dass sie sich unserer Unterstützung sicher sein können.

Um sich verbunden und gebunden zu fühlen, braucht ein Kind Aufmerksamkeit, Liebe, Verständnis, Geborgenheit, ein Gefühl der Zugehörigkeit und Anleitung. Es braucht das Vertrauen: Mama und Papa sind für mich da und fangen mich auf, wenn ich falle. Dem gegenüber steht sein Bedürfnis nach Autonomie und Erkundung. Es liegt in der Natur des Menschen, dass Kinder die Fähigkeit erlangen, langfristig unabhängig von ihren Eltern zu leben, sich eine eigene Identität, ein eigenes Selbst aufzubauen. Sie lernen sich abzugrenzen, Nein zu sagen und eigene Ideen zu verfolgen. Nicht selten wird Elternschaft herausgefordert, wenn das Kind seinen eigenen Willen entdeckt und mit Stärke zum Ausdruck bringt und sein Bedürfnis nach Autonomie auf die Bedürfnisse der

Was Kinder BRAUCHEN ...
DAS MACHEN WIR!
ICH BIN HIER OBEN!
BINDUNG & ZUGEHÖRIGKEIT
SICHERHEIT, VERTRAUEN, GEMEINSCHAFT ...
AUTONOMIE
NEUGIERDE, EXPLORATION, ABGRENZUNG ...
SO SCHÖNE FARBEN!
DAS MAG ICH NICHT!
SELBSTWERT
ANERKENNUNG, WERTSCHÄTZUNG, RESONANZ ...
ORIENTIERUNG & KONTROLLE
GRENZEN, SELBSTWIRKSAMK
SELBSTKONTROLLE ...
DAS HAT SPASS GEMACHT!
UNLUSTVERMEIDUNG & LUSTGEWINN
STREBEN NACH LUST UND DIE VERMEIDUNG VON UNLUST

Eltern trifft: „Ich will klettern und du willst mich beschützen!“ **Autonomie lässt sich am besten in einem vertrauten und sicheren Raum bzw. Umfeld erproben, in dem fehlerfreundliches Lernen möglich ist.**

Ein jeder Mensch sehnt sich danach, mit seinen Eigenschaften, seiner Liebenswürdigkeit und vielleicht auch seltsamen Eigenarten gemocht und geschätzt zu werden. Um sich gut zu entwickeln, brauchen Kinder Selbstachtung[9] bzw. Selbstwerterhaltung. Das Selbstbild eines Kindes („Ich bin gut so, wie ich bin!“) hängt von den Erfahrungen ab, die es macht und die mit emotionalen Bewertungen verknüpft und als Erinnerungen gespeichert werden. Wenn bestimmte Erfahrungen wiederholt auftreten, formen sie das Selbstbild eines Menschen. Ein Kind wird demnach ein positives Selbstbild entwickeln, wenn es Zuspruch, Anerkennung, Wertschätzung, Empathie, Würde, Resonanz, Verständnis und Akzeptanz erfährt. Dadurch wächst in ihm die Sicherheit, für andere Menschen von Wert sowie geliebt und geschätzt zu sein. Wenn ein Kind ermutigt wird, neue Dinge auszuprobieren und seine eigene Bedeutung in der Welt zu entdecken, stärkt dies seine Selbstachtung und es fühlt sich liebenswert. Um ein gesundes Selbst entwickeln zu können, braucht ein Kind eine Umgebung und Bezugspersonen, die es darin unterstützen, die eigenen Gefühle und Bedürfnisse auszudrücken und diese als ebenso wichtig anzuerkennen wie die einer anderen Person. Es erfährt dadurch: „Du bist wichtig, deine Gefühle und Bedürfnisse werden gesehen“, wodurch auch sein Bedürfnis nach Selbstausdruck Erfüllung findet.

Im Gegensatz dazu entwickeln Kinder, die beschämt, kleingemacht und emotional übersehen werden, ein negatives Selbstbild. Dies beschreibt das Bedürfnis nach Selbstwerterhaltung.[10] Wie wir die Kinder sehen und wie wir mit ihnen sprechen, prägt ihr späteres Bild von sich selbst. Wünschen wir uns sich ihrer selbst bewusste Kinder, ist es an uns, sie in ihren Gefühlen, Bedürfnissen und Grenzen zu respektieren. Nur wenn wir diese achten, können wir darauf setzen, dass Kinder auch lernen, die der anderen zu achten.

Aber damit nicht genug, ein weiteres und vermutlich unterschätztes Bedürfnis von Kindern bzw. uns Menschen ist das Bedürfnis nach Orientierung und (Selbst-)Kontrolle. Wir brauchen die Erfahrung, dass das Leben vorhersehbar ist. Zum Beispiel: Wenn wir auf die Klingel drücken, ertönt ein Signal. Ähnlich ist es mit dem Bedürfnis nach Grenzen. Sie ermöglichen Kindern zu erfahren, dass sie mit ihren Bedürfnissen gesehen werden und gleichzeitig auch die Gefühle, Bedürfnisse und Grenzen anderer Menschen eine tragende Rolle spielen. Das Kind braucht ein Gegenüber, das eigene Bedürfnisse und Interessen offenlegt und dem Kind mitteilt. Das Kind sehnt sich danach, seine Bindungspersonen mit all ihren persönlichen Konturen und Grenzen kennenzulernen.

Feinfühligkeit braucht Achtsamkeit

Gerade wenn uns in unserer eigenen Kindheit die Verbindung zu unseren Gefühlen und Bedürfnissen abhandengekommen ist, ist es verständlicherweise umso herausfordernder, die Bedürfnisse eines anderen Menschen zu lesen. Auf dieser Reise sind wir als Eltern Lernende und dürfen uns jeden Tag neu darin üben, die Mutter oder der Vater zu sein, die bzw. der wir gern sein möchten. An manchen Tagen wird es leichter sein und sich an anderen wie ein Marathon anfühlen.

Kürzlich fühlte ich mich nach einem Konflikt mit einem meiner Kinder in meiner Mutterrolle unwohl. Mit tief hängenden Schultern erzählte ich meinem Partner davon, denn ich hatte wahrlich nicht so reagiert, wie ich es eigentlich wollte. Ich reflektierte und bedauerte die Situation und meine Reaktion. Oft empfinde ich in solchen Situationen Scham, ein Gefühl, das mich motiviert, Verantwortung zu übernehmen. Manchmal lässt es mich aber auch weglaufen. Bleiben wir in der Reflexion und den negativen Gedanken stecken, hindern sie uns daran, wieder mit uns und den Kindern in Verbindung zu gelangen. Wie gut, wenn wir uns dann sinnbildlich selbst in den Arm nehmen und verzeihen können, um uns dann wieder unserem Kind zuzuwenden. Das ist möglich, wenn wir uns durch unsere Scham nicht niederdrücken lassen. Ebenso nährend ist es, wenn dies ein anderer lieber Mensch für uns übernimmt und uns bestärkt. In diesem Fall erinnere ich mich an das wohlige Gefühl in mir, als mein Partner sagte: „Du machst so viel goldrichtig und hin und wieder auch mal ein Prozent nicht." Es war die Wertschätzung und Anerkennung, die ich in dem Moment brauchte, um meine Schultern wieder hochziehen und aus dem kleinen Loch klettern zu können. Mit dieser Haltung begegne ich auch meinen Kindern, so gut ich kann, wenn sie Fehler machen. Es geht nicht darum, perfekt zu sein, sondern so gut wie möglich, und das ist gut genug!

Meine Botschaft für dich

Wenn du das nächste Mal in einer Situation mit deinem Kind anders reagierst, als du es eigentlich wolltest, überlege, welche Worte du einem/r Freund:in schenken würdest. Versuche, dein beste:r Freund:in zu sein und auch dir solche bestärkenden und kraftspendenden Worte zu sagen. Du hast es verdient!

Die Bindungsforschung zeigt sehr deutlich, dass Kinder eine sichere Bindung mit festen Wurzeln aufbauen, wenn die Bezugspersonen die kindlichen Anliegen und Bedürfnisse feinfühlig lesen und passend beantworten, im Säuglingsalter am besten sehr zügig. Wenn ein Kind sich sicher geborgen fühlt und Nähe spürt, gelangt es zu der Überzeugung, dass die Welt ein sicherer Ort ist, an dem es umsorgt und geliebt wird. Dieses innere Wissen ist für das spätere psychische Wohlbefinden eines Menschen ausschlaggebend.[11] Es ist das Urvertrauen in andere Menschen und darauf, dass man versorgt, getröstet und beschützt wird. Feinfühligkeit gilt als stärkster Prädikator für eine sichere Bindung, und diese große Aufgabe, die Eltern zu bewerkstelligen haben, erzeugt nicht selten Druck.[12] Unsere Feinfühligkeit kann durch Schlafmangel, geringere Zeitressourcen, hohes Stressempfinden, Erkrankungen oder fehlende Unterstützung beeinträchtigt werden.

Bedürfnisorientiert begleiten bedeutet, dass die Gefühle, Bedürfnisse und Grenzen aller Beteiligten ernst genommen werden und wichtig sind. Es geht nicht zwangsläufig darum, die Bedürfnisse eines jeden prompt zu erfüllen, sondern vielmehr darum, sie zu sehen. Mit der Zeit lernen Kinder, ihre Bedürfnisse aufzuschieben, und erfahren schrittweise, dass Abwarten und Zurückstellen nicht verlangt, ein Bedürfnis aufzugeben, insofern sie darauf vertrauen können, dass ihre Bedürfnisse zu einem anderen Zeitpunkt Beachtung finden. Die Erwachsenen sorgen gut für sich, damit sie gut für andere sorgen können. Gut für sich zu sorgen, bedeutet auch, sich selbst ernst zu nehmen und dem eigenen Bedürfnis nach beispielsweise Erholung Vorrang einzuräumen, wenn die Dringlichkeit anklopft. So lasse ich mein Kleinkind vielleicht an einem trubeligen Tag eine Runde Kinderserien gucken, obwohl ich dies nicht so gut finde, damit ich in Ruhe ein Telefonat führen oder eine Tasse Tee trinken kann.

Warum das so immens wichtig ist? Anders als in dem afrikanischen Sprichwort „Um ein Kind aufzuziehen, braucht es ein ganzes Dorf", wuppen die meisten Familien ihren Alltag in den eigenen vier Wänden ohne jegliche Unterstützung. Während sich dies für einige Familien und Elternteile stimmig anfühlt, geraten andere ordentlich ins Straucheln. Der Blick zur Seite lässt dann Fragen aufkommen: Wie schaffen es die anderen Familien, so fröhlich, mit gebügelter Kleidung und frisch zubereiteten und in Herzform ausgestochenen Broten ihren Alltag zu rocken? Glaube mir: Auch in anderen Familien sieht es oft ähnlich aus wie bei dir. Neben dem herzhaften Lachen und den Glücksmomenten gibt es auch dort Tage der Überbelastung, Überforderung, Ratlosigkeit und Erschöpfung.

Ein Blick zum Kind: Der „Kreis der Sicherheit“

Die Autor:innen des Buches *Aufwachsen in Geborgenheit* haben mit dem „Kreis der Sicherheit“ eine Art Modell entwickelt, das uns zeigt, wie wir kindliche Signale erkennen und feinfühlig auf sie reagieren können. In dem von Kent Hoffmann[13] und anderen skizzierten Kreis stehen zwei Hände einerseits für einen sicheren Hafen und andererseits für eine sichere Basis. Mit der sicheren Basis (dem oberen Teil des Kreises) spendet die Bindungsperson dem Kind Vertrauen, so dass es seinen Erkundungen nachgehen kann. Damit das Kind sich in seiner Autonomie entfalten kann, braucht es eine Bindungsperson, die:

- anwesend ist und auf es aufpasst,
- sich am Kind erfreut,
- (manchmal) mit dem Kind Spaß hat und an seinem Erleben teilhat,

- Unterstützung oder kleine Hilfestellungen gibt, wenn es das Kind braucht.

Der untere Teil des Kreises steht für den sicheren Hafen, in den das Kind zurückkehrt, wenn es unsicher ist und Geborgenheit sucht. Vier weitere Bedürfnisse des Kindes spielen hierbei eine wichtige Rolle:

- Schutz vor geistigen, körperlichen und emotionalen Gefahren und die Begleitung, zum Beispiel bei Angst,
- Trost, liebevolle Zuwendung und Beruhigung,
- Freude am Kind aufseiten des Erwachsenen in Momenten des Glücks sowie in herausfordernden Momenten, um ihm zu zeigen: „Egal, was du fühlst, ich liebe dich!“ Unsere Wertschätzung und Zuneigung werden damit nicht an das Verhalten des Kindes gekoppelt, vielmehr erfährt es, dass wir zu ihm halten, egal, wie doll der Sturm tobt.
- Unterstützung bei der Emotionsregulation, damit es die eigenen Gefühle mit den Jahren spüren, deuten, verstehen und entsprechend handeln kann.

Die Bewegung des Kindes weg und wieder zurück zur Bezugsperson wird als Bewegung auf dem Kreis dargestellt. Auf seinem Weg drückt das Kind immer wieder seine Bedürfnisse aus, indem es bittet: „Schütze und tröste mich, freu dich an mir und hilf mir, meine Gefühle zu organisieren!“ Wenn das Kind von intensiven Gefühlen überwältigt wird, braucht es den Kontakt zu seiner Bindungsperson. Die intensiven Gefühlswellen schlagen wild und werden an der Seite einer sicherheitsspendenden Person langsam kleiner und sanfter. In diesem Sinne sprechen wir von Co-Regulation.

Abbildung „Der Kreis der Sicherheit" nach Hoffmann, Cooper & Powell (2019)
Erschienen im Buch: Hoffmann, K.; Cooper, G.; Poweell, B. (2019): Aufwachsen in Geborgenheit. Freiburg: Arbor Verlag GmbH

Damit diese gelingt, brauchen wir präsente Bezugspersonen, die körperlich und mental anwesend sind. Dann kann sich das Kind voll und ganz seinem Handeln hingeben. Es kann entspannen und muss nicht wie eine kleine Katze auf der Lauer liegen und auf mögliche Gefahren achten. Im „Kreis der Sicherheit" wird dies als „Mit-Sein" der Bindungsperson beschrieben. Der Erwachsene ist in Verbundenheit mit sich selbst, beobachtet die Bedürfnisse des

Kindes und kann reagieren. Das Kind erspürt, wie es der Bindungsperson geht.

In Situationen des „Mit-Seins" sind wir im Moment: ohne Ablenkung und „dem Augenblick zugewandt", wie die Sozialpädagogin und Kinder- und Jugendtherapeutin Corinna Scherwath[14] schreibt. Wir stimmen uns auf unser Gegenüber ein, gehen in Resonanz, Akzeptanz, halten den Raum, das Gefühl und beantworten das Bedürfnis, das wir zu erkennen vermuten. Auch wenn es auf den ersten Blick etwas technisch klingen mag, lässt sich diese Haltung üben. Natürlich wird es kaum gelingen, diese qualitative Verbindung zu unserem Kind den ganzen Tag aufrechtzuerhalten, das muss es auch nicht. Viel entscheidender ist, dass das Kind spürt, dass die Bindungsperson emotional zum „Mit-Sein" bereit ist, wenn es dies braucht.[15] Und wenn das Kind es nicht braucht, wenn es sich zu lösen scheint, geben wir uns sinnbildlich frei und es erkundet eigenständig.

Im Alltag kann es immer mal wieder passieren, dass das Leben auch uns Erwachsene mitreißt, wir abgelenkt sind und somit die Bedürfnisse der Kinder nicht erkennen, schwer entschlüsseln und letztlich auch nicht erfüllen können. Dadurch kann der Kreis unterbrochen werden, was dazu führt, dass unsere Verbindung zum Kind geschwächt ist oder für den Moment verloren geht.

Insbesondere wenn wir Eltern selbst aus dem Gleichgewicht geraten, verlieren wir den Blick für unser Gegenüber. Das Gute ist, dass wir immer in den Kreis zurückkehren und eventuell entstandene Brüche reparieren können.

Kinder bewegen sich bildlich gesprochen in einem „Kreis der Sicherheit". Sie benötigen uns als sichere Basis, um zu Erkundungen aufzubrechen. Durch unser „Mit-Sein" spürt das Kind Resonanz und stärkende Bestätigung, denn wir nehmen wahr, wenn es wieder im sicheren Hafen Geborgenheit, Schutz und Trost benötigt. Aufgetankt und rückversichert kann es dann von Neuem zu Abenteuern aufbrechen.

Freude am Kind

Im letzten Sommer saß ich mit Matthias, einem erfahrenen Gynäkologen und Freund der Familie, zusammen. Während unsere Partner:innen die Kinder ins Bett brachten, philosophierten wir über das Leben, über die Erfahrungen mit unseren Kindern vom Kleinkindalter bis zur Pubertät und die vielen Herausforderungen, die unsere Elternschaft so mit sich bringt. Während ich auf die mit Buntstiften bemalte Küchenwand blickte und über Gefühlsstürme und den Umgang mit Medienkonsum nachdachte, sagte Matthias plötzlich: „Weißt du, was immer wieder magisch ist? Ich liebe meinen Beruf so sehr, denn immer, wenn ich eine Geburt begleite, kommt dieser eine Augenblick: Wenn die Eltern das Baby empfangen und in den Arm nehmen, schauen sie es auf diese ganz besondere Art und Weise an. Da ist dieses Funkeln, diese Freude und dieses unbeschreibbare Glück über das Kind."

Ich konnte genau spüren, was er meinte, und verspürte am ganzen Körper ein Kribbeln. Ich frage mich seither häufig, wie wir Eltern uns diese Momente regelmäßig zurückholen und das uns anvertraute Kind auf diese besondere Weise anblicken können – voller Wertschätzung und bedingungsloser Freude. Nicht wegen etwas, das es tut, sondern einfach, weil es ist! Diese Verliebtheit regelmäßig zuzulassen und mit den Kindern ein Leben lang zu teilen, ist Gold wert. Ich bin überzeugt, dass sie dieses Gefühl der Geborgenheit und Liebe so sehr nährt, einfach „nur", weil sie spüren, dass wir gern mit ihnen zusammen sind.

Unsere Kinder spüren die tiefen Absichten, die wir in unserer Begleitung verfolgen, da bin ich mir sicher. Sie erkennen unseren Wunsch, wahrhaftig zu verstehen, was sie brauchen. Und dass sie darauf vertrauen können, dass wir für sie da sind.

Ein Blick zu dir: Gefühlsarbeit als Herausforderung

In diesem Buch geht es um eine achtsame Elternschaft, und so oft wird Elternsein mit der Kernaufgabe assoziiert, sich um das Kind zu kümmern. Grund genug, dass wir uns nun bewusst der Person zuwenden, die eine so intensive und herausfordernde Aufgabe Tag für Tag bewerkstelligt – nämlich du!

Um zu erkennen, was dein Kind oder deine Kinder brauchen, ist es unfassbar wichtig zu schauen, welche Bedürfnisse du als Elternteil hast. Deshalb möchte ich an dieser Stelle den Buchtitel das erste Mal ganz bewusst in deine Richtung zitieren: Ich sehe, was *du* brauchst!

Langfristig wirst du nur in der Lage sein, die Feinzeichen von Kindern zu beantworten und dich gut um sie zu kümmern, wenn du auf dich selbst achtgibst. Ähnlich wie im Flugzeug, wo die Flugbegleiter:innen uns dazu auffordern, im Falle einer Notsituation erst uns zu versorgen und uns dann um unser Kind zu kümmern. Wir können nur feinfühlig und im guten Kontakt mit unserem Kind sein, wenn wir den Kontakt zu uns selbst pflegen. Je besser die Fürsorgenden (häufig sind es noch die Mütter) versorgt sind, desto sicherer ist auch die Bindungsqualität.[16] Es geht also im ersten Schritt immer um die „Selbstanbindung"[17], wie der Psychologe Thomas Harms es so treffend nennt.

Vielfältige Herausforderungen

Viele von uns empfinden Elternschaft heute als herausfordernd und anstrengend, das ergab auch meine Umfrage. Dort gab knapp die Hälfte der Eltern an, dass sie eine deutliche Erschöpfung wahrnehmen.

Wie empfindest du deine Elternschaft? Die Teilnehmer:innen konnten zwischen sehr entspannt bis sehr stressig wählen.

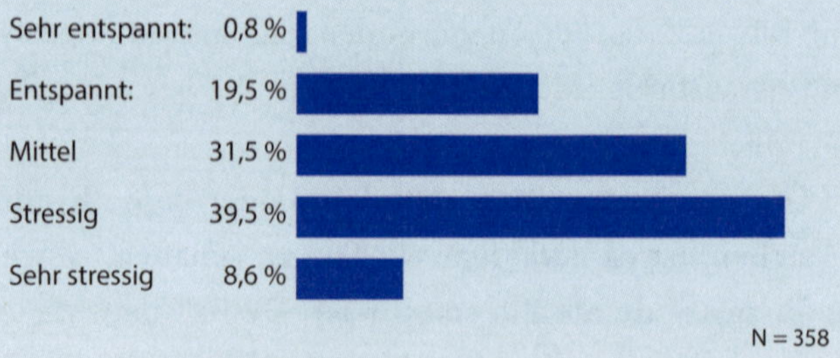

Eine Mutter beschrieb mir ihren Alltag wie folgt:
„Wenn mein Tag doch nur drei Stunden mehr hätte, dann wäre alles viel leichter! Ich schaffe einfach nicht alles. Am Morgen die Kinder für Kita und Schule fertig machen, die Brotdosen richten, dann zur Arbeit rasen, und oft komme ich am Nachmittag erschöpft nach Hause und entferne erst mal die Frühstücksreste vom Tisch. Dann räume ich die Taschen der Kinder aus, bereite das Essen vor, kümmere mich um die Wäsche, die Hausaufgaben, und wenn ich bei der Gutenachtgeschichte nicht mit wegdöse, dann bereite ich schon am Abend das Frühstück für den nächsten Tag vor. Meist bin ich einfach nur völlig gerädert."
Wie in der Befragung deutlich wurde, teilt sich nur jedes fünfte Paar die Kinderbegleitung zeitlich gleich auf. Oft lastet der überwiegende Teil der Care-Arbeit auf nur zwei Schultern. Wie immens diese Last ist, können wir seit einigen Jahren in den Ratgebern lesen, die zu den Themen Care-Arbeit, Mental Load und Gefühlsarbeit – die unsichtbarste aller Arbeiten – veröffentlicht wurden.

Die Autorin und Expertin für Mental Load Laura Fröhlich beschreibt mit dem Begriff „Gefühlsarbeit" die Regulation der eigenen Gefühle zugunsten anderer Menschen. Dies erfordert viel Selbst- und Impulskontrolle. Eigene Gefühle und auch Bedürfnisse treten zurück, was oft als sehr anstrengend, also als „Arbeit", empfunden wird. Care-Arbeit umfasst das Betreuen und Pflegen von Kindern und Angehörigen, die Pflege zwischenmenschlicher Beziehungen sowie die Hausarbeit. Und was ist mit Mental Load gemeint? Darunter fällt die Last und die immense Verantwortung, an alles die Familienorganisation Betreffende denken zu müssen, verbunden mit der ständigen Sorge, etwas zu vernachlässigen oder gar zu vergessen.[18] Ob und wie stark Menschen darunter leiden, häufig sind es Frauen, hängt von der individuellen Situation der Familie ab. Die Komplexität dieser Themen lässt sich an dieser Stelle kaum klären, und gleichzeitig braucht es Veränderung, denn die Erschöpfung ist bei vielen groß und eine sogenannte Care-Krise nicht kleinzureden.

Meine Botschaft für dich

Denke täglich an die Flugzeugmetapher: Nur wenn du gut versorgt bist, kannst du gut für andere sorgen. Das ist Prävention und Verantwortung!

Care-Arbeit ist überwiegend weiblich

Dass Fürsorgearbeit immer noch vor allem von Frauen übernommen wird, hängt in hohem Maß mit unserer Sozialisation und der Mutterrolle zusammen, die uns vorgelebt wurde. Überprüfe selbst einmal: Welche inneren Bilder tauchen in dir auf, wenn du dir eine „gute Mutter“ und einen „guten Vater“ vorstellst? Sind die Bilder gleich? Ich vermute, es tauchen auch in dir verschiedene Bilder, Erwartungen und Anforderungen auf. Warum eigentlich? Weil

Mütter für die Kinder wichtiger sind? Bei vielen von uns ist das Konzept, das wir vom System Familie in uns tragen, sehr stark durch unsere eigene Herkunft und Erziehung geprägt.

Biologisch gibt es feine Unterschiede zwischen Frauen und Männern, diese rechtfertigen hingegen nicht die Zuschreibung der Gefühlsarbeit aufseiten der Mütter.

Die Bindungs- und Erziehungsexpertin Lieselotte Ahnert schreibt in ihrem Buch *Wieviel Mutter braucht ein Kind*, dass Frauen bis auf das Stillen nicht besser darauf vorbereitet sind, ein fähiges Elternteil zu sein als Männer. Weint ein Baby, so reagieren sowohl Mütter wie Väter mit einer Erhöhung von Herzschlag, Blutdruck und Hauttemperatur. Beide Geschlechter verfügen also über ein „intuitives (unbewusstes) Handlungswissen für den Umgang mit Säuglingen"[19]. Kleinkindpädagogin und Autorin Susanne Mierau fasst im Buch *Mutter.sein* zusammen, dass Väter Dinge anders machen, aber keineswegs schlechtere Bezugspersonen sind.[20] Und doch nimmt das Verantwortungsgefühl vieler Frauen nach der Geburt deutlich zu – im Gegensatz zu dem der Männer. Laura Fröhlich schreibt, dass Frauen förmlich gedrängt werden, ihre Aufmerksamkeit, Zeit und Zuneigung herzugeben, um in einem System zu dienen, in dem Männer in sozialen, politischen, wirtschaftlichen Bereichen mehr Macht und Privilegien erhalten als Frauen[21]. Wir befinden uns also immer noch in einer patriarchalen Gesellschaft, in der der Mann eine bevorzugte Stellung innehat. Und da kommen wir wieder zurück auf die Care-Arbeit, die im Gegensatz zur Erwerbsarbeit unbezahlt, wenig wertgeschätzt und ohne Pause abläuft.

Vieles von all dem können wir nicht von heute auf morgen verändern. Wir können aber in jedem Fall damit beginnen, Veränderung im Kleinen anzustreben und in unserer Kernfamilie Verantwortung füreinander zu übernehmen. Dazu gehört auch, alte Glaubenssätze zu hinterfragen und bestenfalls über Bord zu werfen. Einer davon wäre: „Frauen können sich einfach viel besser um Familie und Haushalt kümmern!" Männer können ebenso einfühlsam sein, wenn sie denn darin befähigt werden und ihre emotionale Intelligenz geübt wird, so wird die Neurobiologin Lise Eliot in einem Artikel in der *Zeit* zitiert. Es ist entscheidend, welche Rollenbilder wir den Kindern in unserer Gesellschaft im Alltag, in Werbung und Medien tagtäglich vorleben.[22]

Spüren wir also in uns hinein: Wenn wir als Elternteil etwas anderes brauchen, als wir aktuell leben, so sollten wir dies ernst nehmen und die Strukturen, Bilder und Aufgabenverteilungen neu denken. Und auch wenn Frauen sich häufig verantwortlicher fühlen, Beziehungen zu pflegen, die Familienorganisation zu übernehmen und auf die Stimmungen der anderen achtzugeben, steht außer Frage, dass dies eine große Portion Kraft kostet – insbesondere, wenn wir davon scheinbar keinen Feierabend bekommen. Elternliebe bedeutet nicht, sich aufzuopfern und bis zur endlosen Erschöpfung eigene Bedürfnisse auf dem Abstellgleis zu parken.

Meine Botschaft für dich

Erinnere dich immer daran, dass kein Elternteil sich von Natur aus besser kümmern kann. Viel wichtiger ist es, dass ihr euch regelmäßig darüber abstimmt, was ihr braucht, damit es euch gut geht und ihr eure Elternschaft und Paarbeziehung bestmöglich leben könnt.

Ihr als Paar entscheidet, wie ihr als Familie zusammenleben möchtet. Dazu kann auch gehören, die Aufgabenverteilung und Rollenbilder zu überdenken. Tauscht euch über diese Fragen aus, solltet ihr euch im Alltag unwohl fühlen. Die folgenden Fragen können euch dabei helfen. In meiner Familie überdenken wir die Aufgabenverteilung in regelmäßigen Abständen.

Reflexion: Wie fühlst du dich in deiner Elternrolle?

- Wie seid ihr selbst aufgewachsen?
- Welche Familienbilder wurden euch vorgelebt?
- Möchtet ihr diese Familienbilder weitergeben oder etwas verändern?

- Sind die Aufgaben im Alltag für dich persönlich stimmig verteilt?
- Fühlst du dich gesehen und wertgeschätzt in dem, was du tust?
- Weißt du, wie es deinem Partner bzw. deiner Partnerin diesbezüglich geht?

Unser Kräftehaushalt

Wie wichtig es ist, sich selbst, die eigenen Kräfte und Bedürfnisse im Blick zu behalten, habe ich selbst als junge Mutter erlebt. Als wir vor vierzehn Jahren Eltern wurden, war unsere Beziehung noch sehr frisch. Wir hatten wenig Zeit, unsere Werte abzustimmen und auf Probe zusammenzuleben. Wir stolperten förmlich in das gemeinsame Leben als Familie. Ohne lange darüber nachzudenken, stand für uns beide fest, dass ich als Mutter die Elternzeit übernehme und unser Sohn mit ungefähr einem Jahr außerfamiliär betreut wird. Aufgewachsen sind wir in der BRD und der DDR, wenn auch beide in der Hauptstadt. Als ich in Berlin Mutter wurde, war es gängig, dass Mütter und Väter berufstätig waren und Mütter sowohl Erwerbs- als auch Care-Arbeit stemmten. Gleichzeitig war ein Umbruch spürbar. Wenn wir durch unseren neuen Kiez in Berlin Friedrichshain liefen, sah man zunehmend Väter, die ihre Babys vor dem Bauch trugen, und auch die Elternzeit wurde zunehmend für einen gewissen Zeitraum von Vätern in Anspruch genommen. Bei uns sollte es aber ich sein, die die erste Zeit fest zu Hause blieb.

Das Sprichwort: „Leben ist, was passiert, während du eifrig dabei bist, andere Pläne zu machen!“ schlug bei uns ein wie der Blitz. Als unser Sohn knapp acht Wochen alt war, mussten wir feststellen, dass es in der eigens gegründeten Krippe seit meiner Abwesenheit nicht so lief, wie erhofft. So kehrte ich naiv und überstürzt von Freitag auf Montag als Kita- und Gruppenleitung zurück in die Erwerbsarbeit. Der Papa übernahm die Elternzeit und legte sein Studium auf Eis. So war ich als Mutter diejenige, die voll stillte, Vollzeit arbeitete und zu Hause erschöpft bemüht war, meine Abwesenheit vom Baby emotional auszugleichen. In Berlin waren Familienmodelle wie unseres noch selten, aber immerhin akzeptiert. Mein schlechtes Gewissen war riesig und der Spagat zwischen all meinen Aufgaben zu groß. Bei der Arbeit leitete ich ein kleines Unternehmen und stand täglich vor neuen Herausforderungen, und auch zu Hause fiel es mir schwer, trotz stundenweiser Abwesenheit die Verantwortung abzugeben und loszulassen. Mein hoher Anspruch an meine Rolle als Mutter war immens und meine geringe Erfahrung ließ mich oft schwindelig werden.

Ich wollte überall einhundertzwanzig Prozent geben und verstand oft nicht, wieso mir dies nicht mit Gelassenheit gelang. Denn auch meine Mutter hatte früher mit zwei Kleinkindern Vollzeit gearbeitet, den Haushalt überdurchschnittlich gut geschmissen und war hauptverantwortlich für die Familie gewesen. Dieses Mutterbild hinterfragte ich erst später, als ungefähr nach einem Jahr meine Erschöpfung anklopfte. Es war für uns als Familie

Zeit für eine Veränderung. Ich war unzufrieden und versuchte, dies durch Schuldzuschreibungen an den Partner zu mindern, und erst als ich in meinem Hamsterrad sozusagen an der Klippe stand, realisierte ich, dass es so, wie es gerade lief, nicht weitergehen konnte. Auch das Modell, dass der Vater die Elternzeit komplett übernimmt, war für uns also nicht die beste Lösung. Wir hatten keinerlei Erfahrungen und Vorbilder, wie wir mit all den Aufgaben und Ansprüchen das Konzept „glückliche Familie" zufriedenstellend leben konnten.

In einer Supervisionssitzung lernte ich eine Übung kennen, die mir die Augen öffnete. Ich möchte sie gern mit dir teilen, falls auch du oft nicht weißt, wie du deine Reserven und Zeit so verteilst, dass der Tag mit seinen vierundzwanzig Stunden ausreicht.

Übung: Die Gläsermethode

Überlege, für welche Bereiche du jeden Tag Zeit und Energie benötigst. Ist es die Erwerbsarbeit, die Care-Arbeit, Zeit für Selbstfürsorge, ein Hobby, Schlaf und Zeit mit Kind(ern) und Partner:in?

Nimm dir entsprechend der Anzahl der Bereiche kleine Gläser und stelle sie nebeneinander auf. Beschrifte diese gern, damit du bildlich vor dir hast, welches Glas für welchen Bereich steht.

Dann nimmst du dir eine Flasche mit etwa einem halben Liter Flüssigkeit. Dieses Wasser steht sinnbildlich für deine Zeit und Kraft, die du an einem Tag zur Verfügung hast. Nun beginnst du, das Wasser in die Gläser zu gießen. Wie viel Zeit und Energie kannst und möchtest du für die jeweiligen Bereiche aufbringen? Schau dir die Gläser in Ruhe an und gieße so lange hin und her, bis sich das Bild für dich stimmig anfühlt.

Mir öffnete diese Übung heftig die Augen und ich spürte meine persönliche Schieflage sehr schnell. Ich wollte so gerne mehr Wasser haben, um all das, was mir so wichtig war, leisten zu können. Aber auch ich hatte jeden Tag nur eine beschränkte Menge Energie und Zeit zur Verfügung. Zwischenzeitlich waren die Gläser „Familie“ und „Job“, den ich in der Tat sehr liebte, reich gefüllt, und meine Gläser für „Schlaf“, „Selbstfürsorge“ und „Paarzeit“ waren im Ungleichgewicht. Mehr Wasser gab es aber nicht! Der Tag hat eben nur 24 Stunden, wovon ich bestenfalls sieben Stunden liegend verbringen sollte. Ich erkannte blitzartig, dass ich etwas verändern musste, und so überdachten wir unser Familienmodell und verteilten unsere Aufgaben und Kräfte neu in unsere Gläser. Und ich musste einsehen, dass auch die beste Organisation nicht die Lösung ist, wenn einfach zu viele Aufgaben anstehen und die Ansprüche sehr hoch sind. Das zu verändern, ist, so merke ich auch noch dreizehn Jahre später, ein langer Prozess.

Seither stellen wir uns in unserer Partner- und Elternschaft regelmäßig diese Fragen:

- Wie viele Stunden verbringen wir beide mit der Erwerbstätigkeit?
- Wer übernimmt welche Aufgaben in der Care-Arbeit (von Einkauf bis Aufteilung des Bringens und Abholens der Kinder, Haushalt, Kinder ins Bett bringen etc.)?
- Was brauchen wir für unsere Selbstfürsorge (Hobbys, Sport, Freunde, Zeit allein etc.)?

Und auch wenn es sich für uns zu Beginn komisch anfühlte, diese Bereiche alle durchzusprechen und einige von ihnen zu visualisieren, so erleichterte es uns das Verständnis füreinander und ließ Unsichtbares sichtbar werden. Mit den Jahren ließ uns dies als Team zusammenwachsen, und wir konnten uns gegenseitig das Gefühl geben: „Ich sehe dich und möchte verstehen, was du brauchst. Und ich wünsche mir, dass du mich siehst und verstehst, was ich brauche."

Entsprechend unseres individuellen Alltags und unserer Kräfte ist dies als etwas Lebendiges zu betrachten. Meiner Erfahrung nach ist die gegenseitige Wertschätzung eines der fundamentalsten Bedürfnisse für unser Tun. Fühle ich mich nicht gesehen, beginne ich, das, was ich erledigt hab, auf dem goldenen Tablett zu servieren und gegen die Leistungen des anderen aufzuwiegen. Meist sind es die scheinbar unsichtbaren und unbezahlten Dinge, für die wir uns mehr Anerkennung wünschen. Stell dir vor, dein Partner oder deine Partnerin kommt am Abend nach Hause und begrüßt dich mit einer liebevollen Geste und sagt: „Ach, ich sehe, du hast bereits den Abendbrottisch gedeckt und die Kinder sind gebadet. Das war vermutlich ein intensiver Tag für euch. Danke, dass du für ihr Wohl gesorgt hast. Was steht gerade an? Wo kann ich anpacken? Brauchst du eine Pause?“

Ich bin fest davon überzeugt, dass die gegenseitige Anerkennung und der Respekt uns in die Lage versetzt, unsere Schwächen und unsere Erschöpfung offen zuzugeben. Dabei betrachten wir diese nicht als Zeichen von Hilflosigkeit, sondern vielmehr als natürliche Grenzen. Es geht nicht darum, uns miteinander zu vergleichen, sondern vielmehr darum, ein partnerschaftliches Miteinander zu fördern. In einer Familie sollte der Fokus darauf liegen, einander wirklich wahrzunehmen, ernst zu nehmen und aufeinander zu achten. Dabei ist es wichtig, ohne Maßregelung oder das Anprangern von Fehlern miteinander umzugehen.

Du bist wichtig!

Eine zusätzliche Herausforderung des Elternseins besteht darin, dass sowohl innere als auch äußere Veränderungen ein hohes Maß an Flexibilität erfordern. Wir müssen uns kontinuierlich auf neue Situationen einstellen. Vielleicht kommt dir das bekannt vor: Alles läuft reibungslos, du konntest einige Tage oder sogar Wochen durchatmen, und dann spürst du plötzlich wieder Unruhe und stehst vor neuen Hindernissen. Der Alltag wird wieder anspruchsvoller und verlangt mehr Energie. Dies kann verschiedene

Gründe haben: Einerseits entwickeln sich unsere Kinder in einem rasenden Tempo, und uns erwartet ständig etwas Neues. Der kindliche Körper wächst in den ersten Lebensjahren schnell, und sie benötigen permanent neue Kleidung und Schuhe, oder ihre Autonomieentwicklung beschert uns ständig neue Abenteuer.

Andererseits können Veränderungen im Außen wie der Übergang in die außerfamiliäre Betreuung, der Wechsel in die Schule, der Jobwechsel eines Elternteils oder die Geburt eines weiteren Kindes uns im Alltag noch stärker herausfordern. Spürt ihr, dass ihr gerade mehr Energie benötigt, kann auch hier die Gläsermethode hilfreich sein, um zu prüfen, welcher Lebensbereich gerade mehr Raum, Präsenz und Zeit benötigt und welche Bereiche etwas weniger einnehmen können. Es ist jedoch ein Trugschluss, dass wir mit mehr Perfektion und Optimierung mehr und mehr schaffen können. Am Ende des Tages sacken wir überfordert und vermutlich unzufrieden mit dem Gefühl zusammen, nicht gut genug zu sein. Veränderungen benötigen Ruhe und Zeit und eine bewusste Zuwendung zu den Dingen, die aktuell unsere Präsenz benötigen. Gleichzeitig erfordern sie die Klarheit, dass wir nebenher nicht alles wie sonst schaffen können und schon gar nicht müssen. Und ich möchte erneut daran erinnern, dass Gefühlsarbeit viel Kraft kostet und dass mentale Last auch dadurch entsteht, dass wir unsere Bedürfnisse zu sehr hintenanstellen. Sollte das bei dir der Fall sein, darfst du dich selbst wichtiger nehmen. Und weil auch ich meine Leitlinien im Stress gern vergesse, hängt in meiner Küche über dem Esstisch eine Affirmation[23], die sagt: „Du kannst dich nur gut um einen anderen kümmern, wenn es dir selbst gut geht.“ Es ist also Prävention, statt Egozentrismus.

Wir wollen etwas verändern

Mental Load Expertin Laura Fröhlich schreibt[24]: „Für unsere eigenen Bedürfnisse einzustehen, ist wichtig und fällt gleichzeitig so unendlich schwer. [...] [Wir] Mütter sind es gewohnt, für unsere Familie da zu sein, und haben nicht ausreichend gelernt, für uns selbst zu sorgen. Veränderungen anzustoßen ist am leichtesten, wenn wir bei uns selbst anfangen.“[25] Und das gilt natürlich für Männer ebenso. Verschieben wir die Erfüllung unserer Bedürfnisse immer wieder, so werden diese nicht verschwinden. Vielmehr melden sie sich umso lauter in Momenten, in denen wir sie vermutlich nicht mehr zu erfüllen in der Lage sind.

Vielleicht kennst du das auch, dass du unter Stress auf Schlaf, Essen oder sogar auf den Toilettengang verzichtest? Ich selbst ertappe ich mich regelmäßig dabei, wie ich an einem turbulenten Morgen Zöpfe flechte, Sporthosen suche, Brotdosen packe und die Kinder mit Müsli versorge. Selbst trinke ich einen schnellen Kaffee und bemerke dann gegen elf Uhr, dass das Frühstück etwas zu kurz kam oder ganz ausfiel. An anderen Tagen setze ich mich dann bewusst und mit Ruhe hin und hole etwas nach, was ich an den Tagen davor versäumt habe.

Laura Fröhlich empfiehlt an dieser Stelle, dass wir uns Listen mit den Dingen machen, die uns guttun. Diese Lieblingsaktivitäten sollten wir fest in unseren Alltag integrieren. Es sind quasi weitere Pflichtaufgaben mit Priorität, wobei es sich nicht um außergewöhnliche Dinge handeln muss.[26] Auch ich habe Eltern in meiner Umfrage gefragt, was ihnen hilft, sich in ihrer Elternrolle gut zu fühlen. Mit Abstand am meisten wurde die „eigene Bedürfniserfüllung", „Zeit für mich" und „Selbstfürsorge" in Form von Bewegung und Yoga, ausreichend Schlaf, einem warmen Getränk oder ausreichenden Pausen genannt. Daraus resultierten auch häufig Nennungen wie: „mich selbst als eigenständige Person erleben und gestalten können", „gute soziale Kontakte und Netzwerke" sowie eine „gute Balance zwischen Mutter und eigenständiger Frau haben, die auch mal ohne Kind etwas unternimmt". Was für Eltern ebenso wichtig scheint, ist das „Slow Parenting", also Elternzeit ohne viele Termine, „sich von Zwängen, eigenen Ansprüchen und äußerem Druck frei machen zu können". Wie ist es bei dir, was tut dir gut? Nimm dir gerne Zeit dafür, mithilfe dieser Fragen herauszufinden, wodurch du wieder Energie tanken kannst:

Reflexion: Deine Lieblingsaktivitäten

- Wobei fühlst du dich richtig wohl?
- Hast du für diese Aktivität bereits ein festes Zeitfenster in deinem Alltag eingeräumt?
- Was kannst du tun, damit sich dies integrieren lässt?
- Wie geht es deinem/deiner Partner:in?

Notiert das gemeinsam auf einem Zettel und besprecht, wie ihr mehr von dem bekommen könnt, was euch guttut.

Und falls du immer noch meinst, dass du für diese Auszeiten keine Zeit hast, möchte ich dir eine Geschichte erzählen.

Es war einmal ein Holzfäller, dieser trat einen neuen Job an, mit dessen Arbeitsbedingungen er sehr zufrieden war. Voller Freude machte er sich mit seiner neuen Axt an die Arbeit und fällte am ersten Tag ganze achtzehn Bäume. Der Vorarbeiter gratulierte ihm zu seinem Erfolg: „Glückwunsch! Weiter so!", sagte dieser. Am nächsten Tag wollte der Holzfäller ebenso viele Bäume fällen und stand extra ganz früh auf. Er schaffte hingegen nur fünfzehn Bäume. Er vermutete, dass ihm die Müdigkeit zu schaffen machte, und ging daher früh schlafen, um am nächsten Tag wieder achtzehn Bäume fällen zu können. An diesem Tag fielen hingegen nur sieben Bäume, am darauffolgenden fünf und dann nur zwei.

Besorgt ging der Holzfäller zum Vorarbeiter und erzählte ihm von seiner Niederlage. Er betonte, dass er sich richtig anstrenge, es aber nicht besser werde. Der Vorarbeiter fragte ihn neugierig: „Wann hast du denn deine Axt das letzte Mal geschärft?" Verdutzt sah der Holzfäller ihn an und erwiderte: „Meine Axt schärfen? Dazu hatte ich wirklich keine Zeit!"

Meine Botschaft für dich

Pausen und Selbstfürsorge sind kein Luxus und nichts, was du dir verdienen musst. Sie sind notwendig! Achte gut auf dich und schärfe deine Axt täglich.

Ich möchte dir Mut machen, deiner Selbstfürsorge die notwendige Priorität einzuräumen, auch wenn es ungewohnt ist. Auch ich kümmere mich gern und fürsorglich um meine Kinder, oft bevor ich an mich selbst denke. So habe ich ihre Zahnarzttermine gewissenhaft alle sechs Monate im Kalender stehen und schiebe meine eigene Vorsorge gern auf. Meine beruflichen Verpflichtungen halte ich ebenso ausnahmslos mit Bravour ein und sage selten einen Termin ab. Für meinen Sport bleibt selten Raum und Kraft, während wir die Kinder immer zu ihren Aktivitäten bringen und sie ihnen ermöglichen. Bei all dem spielen natürlich unsere Zeitressourcen eine nicht zu unterschätzende Rolle, es lohnt sich allerdings auch, den Blick auf unsere verinnerlichten und tief liegenden Glaubenssätze zu lenken. Den Beruf ernster zu nehmen als das eigene Wohlbefinden, entspricht der tradierten Redensart: „Erst die Arbeit, dann das Vergnügen!“ In meiner Vergangenheit musste ich mir Pausen und Selbstfürsorge erst verdienen – durch Fleiß und Anstrengung. Heute weiß ich, wohin das führen kann.

Daher ist es immer lohnenswert, unserer inneren Stimme zuzuhören und sie zu überprüfen. So könnte der Satz nun heißen: „Selbstfürsorge ist kein Luxus, sondern notwendig!"

Und wenn es mit dem regelmäßigen Sporttermin trotzdem nicht klappt, ist es wichtig, nach weiteren Stolpersteinen zu schauen. Manchmal braucht es vielleicht Tricks, um neue Wege zu gehen. Damit ich nicht in meine alten Fallen tappe und wie im Hamsterrad meine To-dos abarbeite, um dann meine Axt wieder nicht zu schärfen, habe ich mich in einer festen Gruppe angemeldet. Damit trickse ich mich selbst etwas aus, denn Verlässlichkeit hat für mich einen hohen Stellenwert, und ist der Termin im Familienkalender vermerkt, fällt er seltener aus. Im Nachhinein bin ich immer wieder dankbar, wenn ich mir diese Auszeit geschenkt habe, statt sie zu streichen. Und im Trubel des Alltags passiert es trotz solcher Tricks, dass ich hin und wieder von der Routine abkomme, weil Kinder krank sind oder andere Termine nicht verschiebbar scheinen. Auch das darf sein und ist okay! Namaste!

Reflexion

Wenn deine innere Stimme zu dir spricht, höre ihr gern zu und prüfe, ob du ihre Aussagen willkommen heißen möchtest.

- Ist dir deine innere Stimme dienlich? Unterstützt sie deinen Alltag?
- Solltest du Sätze, die sie zu dir spricht, streichen oder umschreiben?

Sätze komplett zu verbannen, ist meist schwerer, als sie in positive Affirmationen umzuwandeln. Diese bestärkenden Sätze können – wenn sie regelmäßig wiederholt werden – negative Denkmuster durchbrechen. So wiederhole ich innerlich beispielsweise gerne folgende Sätze: „Ein Nein ist ein Ja zu sich selbst!" Oder: „Pausen sind notwendig!" Welcher Satz taucht bei dir öfter auf?

Elternsein im Hier und Jetzt

Auch in meiner Elternschaft gab es in den letzten Jahren so einige Kurven, heftige Anstiege, und ab und zu liegen gewaltige Felsbrocken auf meinem Weg. Manchmal möchte ich gern einfach eine Weile stehen bleiben oder mich am Wegesrand auf eine Bank setzen. In einigen Situationen ist das möglich, in anderen nicht. Was mich bisher in jeder Situation gerettet hat, ist der Gedanke, dass ich immer nur einen Fuß vor den anderen setzen kann. Schritt für Schritt darf es langsam vorangehen, auch mit den uns anvertrauten Kindern, die in uns das intensivste Leuchten zum Strahlen bringen können und gleichzeitig feine Salzkörner in alte Wunden streuen.

Eine Geschichte begleitet mich seit einigen Jahren und hat sich zu einem festen inneren Bild entwickelt. Sie lässt mich in unruhigen Momenten innehalten und mich wieder nach meinem inneren Nordstern ausrichten. Ich möchte sie dir erzählen, und vielleicht kann sie auch dich ein Stück begleiten.

In der Legende von Óscar Sorialez[27]*, wird erzählt, dass die Menschen früher symbiotische Tiere waren, die immer von einem kleinen Vogel mit hellem Gefieder und einem zarten, melodischen Gesang begleitet wurden. Der kleine Vogel kreiste Tag und Nacht schweigend über den Köpfen der Menschen und trug den Namen „Ahora“.*

Immer wenn die Menschen etwas Schönes wahrnahmen, egal ob eine Landschaft oder einen tiefen Blick aus den Augen eines anderen, oder wenn etwas Magisches im Alltag unterzugehen drohte, pickten die hellen Vögel ihnen auf den Kopf und sangen. Indem der Mensch den jeweiligen Moment bewusst in sich aufnahm, erlebte er ihn wahrhaftig und kostete das Glück für einen Augenblick aus.

Irgendwann gingen die Menschen Beziehungen mit zwei anderen Vögeln ein, einer trug schwarzes und der andere weißes Gefieder. Sie hießen „Antes“ und „Después“, und nach und nach gingen die hellen Vögel verloren und mit ihnen der Zauber der kleinen, magischen Momente und das Bewusstsein für die Schönheit im Alltag.

Und vielleicht hast du es bereits geahnt, der helle, schöne Vogel mit dem Namen „Ahora" steht für das Hier und Jetzt. Und „Antes" und „Después" bedeuten aus dem Spanischen übersetzt „vorher" und „nachher".

Die Legende sagt auch, dass die schönen „Ahoras" in einem jeden von uns weiterleben, auch wenn sie nicht mehr über unseren Köpfen kreisen. Und dass wir die Kraft in uns tragen, die Magie des Augenblicks zu spüren. Vielleicht kannst du sogar, wenn du deine Augen schließt und tief einatmest, das Picken spüren und den Gesang hören?

Mich persönlich berührte diese Geschichte so sehr, dass ich seither einen kleinen Vogel an einer Kette um den Hals trage, um mich immer wieder an den Zauber des Moments zu erinnern. Abgelenkt vom schnelllebigen Alltag, den vielen Gedanken im Kopf, all den WhatsApp-Gruppen und dem Ziehen und Zerren vergesse ich regelmäßig, präsent zu sein, in mich zu spüren und einfach nur zu sein oder auch mit-zu-sein.

Statt in ruhigen Spielmomenten des Kindes wie verrückt durch die Wohnung zu rasen, um den Haushalt zu erledigen, versuche ich, regelmäßig kleine Momente einzubauen, in denen ich wirklich äußerlich wie auch innerlich da bin.

Das können auch nur einige Minuten am Tag sein, die uns und unsere Kinder oder Partner:innen nähren. Schließen wir hingegen intensive Freundschaft mit den schwarzen und weißen Vögeln, werden uns unsere Kinder darauf aufmerksam machen und uns mit den ihnen zur Verfügung stehenden Mitteln darum bitten, uns unseren hellen, freundlichen Vögeln zuzuwenden. Ähnlich wie das zarte Klopfen des Vogels auf unserem Kopf beginnt das Kind, um unsere Aufmerksamkeit und Präsenz zu ringen, und erinnert uns daran, zurückzukommen und die schwarzen und weißen Vögel einen Moment lang ziehen zu lassen.

DIE Wirkung VON STRAFEN

↳ BESCHÄMEN, ZEITENTZUG
=DAS KIND FÜHLT SICH WERTLOS

FOLGEN VON STRAFEN

- VERLETZT KINDERRECHTE
- LÖSEN ANGST/STRESS AUS
- AUTORITÄTSPERSON INTERESSIERT SICH NICHT FÜR DIE GRÜNDE UND BEDÜRFNISSE HINTER DEM VERHALTEN

GEWALT ERZEUGT GEGENGEWALT!

2. Elternschaft mit Hindernissen

Die Welt im Wandel: Neue Anforderungen

So wie die Welt sich rasant verändert und hohe Flexibilität fordert, so wandeln sich auch die Anforderungen an Elternschaft. In vielen Familien breitet sich zunehmend Erschöpfung aus, ein Grund, genauer hinzuschauen, woran das liegt. Zum einen, so schreibt die Koordinatorin Frauen- und Familienpolitik der Konrad-Adenauer-Stiftung Christine Henry-Huthmacher, wird Eltern heutzutage ein „Maß an Verantwortung und Mitsprache für ihre Kinder zugewiesen, das es in früheren Elterngenerationen so nicht gab".[28] Damit einher geht unter anderem eine neue Sicht auf das Kind. Gleichzeitig wurde oder wird dabei die Frage, was Eltern benötigen, um diese herausfordernden Aufgaben zu erfüllen, lange außer Acht gelassen bzw. gesellschaftlich kaum berücksichtigt, wodurch zusätzlich Probleme wachsen.

Einige Eltern verspüren außerdem einen steigenden „Bildungsdruck", verstärkt durch mangelndes Vertrauen in das öffentliche Schulsystem. „In Abhängigkeit von der Lebenswelt der Eltern mit ihren jeweils milieu- und kulturspezifischen Ausprägungen existiert gleichermaßen ein unterschiedliches Verständnis von Bildung und der Notwendigkeit von Bildung, aber auch von Erziehungszielen und -stilen. Zu beobachten ist, dass sich in den jeweiligen Milieus einander fremde Sinn- und Wertehorizonte entwickeln, die unter dem Druck verstärkter Anforderungen an Bildung, Erziehung und Beruf in einer Wissensgesellschaft weiter auseinanderklaffen“[29], schreibt Henry-Huthmacher. Das ist in gesellschafts- und sozialpolitischer Hinsicht problematisch und fördert die Diskrepanzen.

Dass Elternschaft für Väter und Mütter andere Rollenbilder und Aufgaben beinhaltet und sich dies als problematisch herausstellt, wurde bereits geschildert. Für die Mütter, die beim Großteil der Familien immer noch die Hauptlast und Verantwortung für die Erziehung der Kinder tragen, erzeugt das einen schwierigen Zwiespalt: Die Erwartung, eine „gute Mutter“ und fürsorgende „Erziehende“ zu sein, die sich für ihr Kind „opfert“, kollidiert mit Ansprüchen an die eigene Berufstätigkeit. Das Dilemma der Vereinbarkeit von Familie und Beruf zeigt sich tagtäglich: Welches Elternteil bleibt zu Hause, wenn Kinder erkranken, und welche Auswirkungen hat dies auf den Berufsstatus?

Auf der anderen Seite stehen Väter vor Herausforderungen, wenn sie versuchen, sich von der traditionellen Rolle des „Ernährers“ zu einem gleichberechtigten und aktiven Elternteil zu entwickeln, während sie gleichzeitig den Anforderungen des Berufslebens gerecht werden wollen. Henry-Huthmacher beschreibt: „Die Gesellschaft erwartet, dass Eltern viel Zeit mit ihren Kindern verbringen, doch die Arbeitswelt vollzieht einen Totalzugriff auf die Eltern, vor allem auf die Väter. So befinden sich Väter in einer höchst unbestimmten Situation: Die gestiegenen Anforderungen an Mobilität, Flexibilität, Verfügbarkeit und Einsatzbereitschaft stehen dem Wunsch nach einer größeren Beteiligung am Erziehungsalltag gegenüber."[30]

Eltern stehen also unter vielseitigem Druck: Zeit-, Organisations- und Leistungsdruck. Druck erzeugt Stress, und so ist es nicht verwunderlich, dass viele von uns tagtäglich stark beansprucht sind. Und nun mag man meinen, dass die heutige Freiheit es Eltern doch viel leichter machen würde, ihre Kinder so zu begleiten, wie sie es als angemessen empfinden. Tatsächlich ist es jedoch immer herausfordernd, neue Wege zu gehen, beobachtet von Skeptiker:innen und im Rampenlicht der Gesellschaft und der Generation der „ehemaligen Erziehenden". Kinder werden heute, statt auf Gehorsam und Anpassung getrimmt, zunehmend als gleichwürdiger Gesprächspartner mit eigenen Wünschen, Gefühlen, Rechten und Bedürfnissen gesehen. Gleichzeitig sollen sie vom Erwachsenen sicher durch die Jahre der Kindheit begleitet werden, um vor Gefahren (wie etwa dem schnellen Medium Internet) beschützt zu sein. Eine immense Aufgabe, die auch wieder eine Form des Drucks – den Erziehungsdruck – mit sich bringt und Eltern abverlangt, flexibel auf diverse Anforderungen und Gegebenheiten zu reagieren.

Der Elternalltag ist nicht einfach

In meiner Elternbefragung wollte ich herausfinden, in welchen Bereichen die Elternteile sich herausgefordert fühlen und was sie besonders anstrengt. Ihre Antworten sind in folgender Grafik abgebildet.

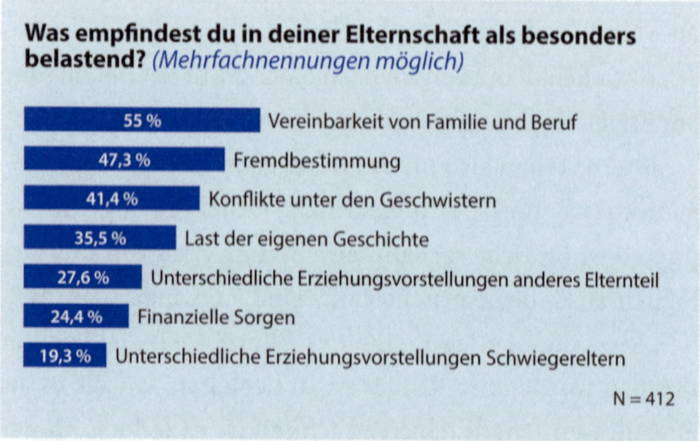

Zusätzlich schilderten mir viele Eltern typische alltägliche Situationen, in denen sie an ihre Grenzen kommen und die du vielleicht auch kennst. Zum Beispiel diese:

„Wir stehen morgens immer unter Zeitdruck. Ich bekomme die Kinder nicht aus dem Bett, dann wollen sie sich keine Kleider anziehen, danach keine Schuhe usw. Anfangs gehe ich es entspannt an, werde aber immer ungeduldiger, bis ich schreie und schimpfe, wenn sich ein schon fertiges Kind wieder auszieht. Zuletzt pünktlich in der Arbeit war ich vor Monaten. Zum Glück macht mein Arbeitgeber das mit (fraglich, wie lange noch). Manchmal reagiere ich morgens gelassener und manchmal gereizter. Es macht auch keinen Unterschied, ob wir früher

schlafen gehen oder ob ich die Kinder früher wecke. Es ist immer der gleiche Wahnsinn morgens. Und dann mache oder sage ich Dinge, die ich nicht möchte.“

Spürbar war für mich in vielen Aussagen neben den Belastungen wie „Mental Load, Streit unter den Kindern, unterschiedliche Vorstellungen von Erziehung mit dem Partner und die daraus resultierenden Konflikte, die Lautstärke“ auch der mehrfach genannte „Zwiespalt zwischen der eigenen Überforderung und dem Wunsch nach mehr liebevollem Umgang und Harmonie“. Zudem erfahren Eltern kaum Würdigung ihres tagtäglichen Spagats und beklagen, dass sie in politischen Diskussionen unzureichend Berücksichtigung finden. Um im Mangel zu sprechen: Es fehlt Eltern an Anerkennung und Wertschätzung. Henry-Huthmacher schreibt dazu: „Es gibt nicht das eine Rezept, nicht den einen Hebel, den man bedienen muss, um Eltern, Kindern und Familien gerecht zu werden. Die Diskussion um die richtigen Maßnahmen kann nicht auf finanzielle Zuwendungen oder den Ausbau von Infrastruktur reduziert werden. Dies würde der Vielfältigkeit und den Wechselwirkungen nicht gerecht werden.“[31]

Herausforderungen gewaltfrei begegnen

Der siebenjährige Louis verspricht seit drei Tagen hoch und heilig, sein Zimmer aufzuräumen. Seinem Vater ist es sehr wichtig, dass Louis seine Pflichten erfüllt und ein Versprechen auch einhält. Als der Vater am Abend nach Hause kommt, sieht er seinen Sohn eine

Serie gucken und stampft wortlos in Louis' Zimmer. Völlig aufgebracht kommt er dann zu seinem Sohn und sagt mit energischer Stimme: „Dein Zimmer sieht immer noch aus wie ein Schlachtfeld. Am Wochenende fällt unser Fußballspielen aus!"

Die eingangs beschriebenen tagtäglichen Hindernisse lassen den elterlichen Stresspegel oft ansteigen. Unter Stress – das wissen wir – ist es ohnehin schwer, einer herausfordernden Situationen gelassen und in Ruhe zu begegnen. Obwohl ein Großteil der Eltern eine durch Liebe, Geborgenheit und sichere Bindungserfahrungen geprägte Haltung anstrebt, gibt es Momente, in denen wir uns anders verhalten, als wir es beabsichtigen. In meiner Umfrage habe ich die Eltern gebeten, Situationen zu beschreiben, auf die sie weniger stolz sind. Die sehr reflektierten Schilderungen haben mir gezeigt, wie sehr wir auf dem Weg sind und dass es auch unter „uns" noch viele Beispiele für seelische und körperliche Übergriffe gibt. Dies reicht von der Verweigerung von Nähe, der Zerstörung von Kleidung oder Spielzeug und Bindungsstrafen bis zu lautem Schreien und körperlichem Packen. Ich verzichte an dieser Stelle bewusst auf die lebendigen Zitate, die euch vielleicht abholen würden im Sinne von: „Ich bin damit nicht allein!", denn ich möchte die Bilder nicht füttern, da wir ein Miteinander frei von Gewalt und Schmerz anstreben und es unser Ziel ist, dieses zu leben.

Seit dem Jahr 2000, also nun seit fast einem Vierteljahrhundert, ist im Bürgerlichen Gesetzbuch das Recht des Kindes auf eine gewaltfreie Erziehung verankert. Ein Vierteljahrhundert klingt auf den ersten Blick viel, gleichzeitig bedeutet es, dass viele Erwachsene, die Kinder heute beim

Aufwachsen begleiten, selbst mit körperlichen und seelischen Schmerzerfahrungen aufgewachsen sind. Wir wissen, dass es ohne Aufarbeitung dieser Erlebnisse eher passiert, dass Gewalterfahrungen weitergegeben werden. Etwas, das zwingend aufhören sollte.

So auch Louis' Vater aus dem Beispiel. Er kommt erschöpft von der Arbeit, ärgert sich über die anhaltende „Unordnung" und ohne sich weiter mit seinem Sohn darüber auszutauschen, streicht er eine lieb gewonnene Verabredung der beiden. Nach dem Motto „Wie du mir, so ich dir" gibt der Vater seinen Schmerz und seine Verärgerung an den Sohn weiter. Mit dieser Reaktion verhängt der Vater bewusst oder unbewusst eine Strafe. Damit verletzt er das nicht verhandelbare Recht des Kindes auf Gewaltfreiheit und auf Schutz. Ein Kind sollte sich unsere Zuwendung und Gewaltfreiheit nicht verdienen müssen. Ganz egal, welches Verhalten es zeigt, es sollte eine Reaktion auf Augenhöhe erhalten und vor seelischen und körperlichen Verletzungen sicher sein.

Folgen von Strafen

Das Verwirrende an Strafen ist, dass sie unter bestimmten Bedingungen für einen Zeitraum wirksam zu sein scheinen und dass der Erwachsene erreicht, dass das Kind tut, was er will. Möglicherweise wird Louis sein Zimmer aufräumen, nicht aber aus einer inneren Überzeugung heraus, einem Verständnis für Ordnung oder weil er seinem Vater gefallen oder mit ihm kooperieren möchte. Louis hat vermutlich Angst vor der Strafe und passt sich den Forderungen an, damit er seine geliebte Fußballzeit nicht verliert.

Strafen zeigen dem Kind auf, dass derjenige entscheidet und bestimmt, der die Macht hat. Und dass diese Autoritätsperson sich nicht für die Gründe und Bedürfnisse hinter einem Verhalten interessiert. Das Kind gewinnt außerdem die Überzeugung, dass es für die auftauchenden Gefühle der Angst, Frustration oder Trauer selbst verantwortlich ist: „Ich habe es verdient, ich bin schuld!" Es lernt: Wer die Macht hat, setzt seinen Willen durch. Da Kinder sich Konfliktstrategien abschauen, ist eine logische Folge, dass sie in anderen Situationen das vorgelebte Verhalten nachahmen. Wünschen wir uns Kinder, die achtsam Konflikte lösen, sollten wir ihnen genau das vorleben. **Durch Strafen werden Kinder ihr eigenes Handeln nicht reflektieren, stattdessen löst eine Strafe in ihnen Stress aus, sie fühlen sich machtlos, unverstanden und klein.** Gewalt erzeugt Gegengewalt, und es ist nur eine Frage der Zeit, bis ein Kind die erfahrenen Schmerzen, die sich im Schmerzgedächtnis ablegen, aktiviert und selbst bei anderen Schmerzen auslöst. „Als Kind geliebte Menschen fangen keine Kriege an!"[32] ist ein Satz, der uns daran erinnern soll, dass wir eine große Verantwortung tragen, wenn wir Kinder in die Welt begleiten. Kinder lassen sich nur so lange kleinhalten, demütigen und bestrafen, solange sie in ihrer Selbstwirksamkeit unsicher sind. Mit zunehmender Sicherheit und Unabhängigkeit werden sie beginnen, sich dagegen aufzubäumen, und eventuell zum Gegenangriff ausholen. Was wir durch übergriffiges und strafendes Verhalten in jedem Fall nicht erreichen, ist die Ausbildung von Empathie, Kooperationsfähigkeit und anderen Strategien der Konfliktlösung. Vielmehr wird die

Bindung zwischen uns und unserem Kind stark gefährdet und das Vertrauen geschwächt.[33]

Ich vermute, dass die meisten Eltern hin und wieder Momente erleben, auf die sie wenig stolz sind. Es darf sie geben, sie gehören zu unserem Weg dazu. **Wir alle dürfen Fehler machen.** Und gleichzeitig ist es so unfassbar wichtig, dass wir das kindliche Verhalten verstehen lernen und uns gerade in herausfordernden Momenten daran erinnern, dass sich hinter jedem Verhalten – egal wie wir dieses bewerten – ein guter Mensch verbirgt, der uns etwas mitteilen möchte. Reagieren wir auf eine verletzende Art und Weise, ob mit Worten oder Taten, wird das Kind verinnerlichen, dass es so, wie es ist, nicht gut und nicht erwünscht ist. Unsere Stimme wird sich einbrennen. Wir haben in jeder Situation die Möglichkeit, uns zu entscheiden, ob wir auf ein Verhalten mit Mitgefühl oder mit Kritik reagieren. Es ist wenig verwunderlich, dass wir uns selbst ähnlich begegnen, wie wir es von unseren Bezugspersonen erfahren haben, und ebenso unserem Kind.[34] Und jeden Tag haben wir aufs Neue die Möglichkeit, das zu verändern. Erinnere dich: **Es ist nicht wichtig, wie große Schritte du machst, sondern vielmehr, in welche Richtung du sie lenkst. Wir haben immer wieder die Wahl!**

Einen jeden Morgen erinnere ich mich daran, meinen Kindern drei Dinge zu schenken:

- das Gefühl, geliebt zu werden,
- einen Moment der ungeteilten Präsenz,
- eine liebevolle Geste oder ein Kompliment.

Im Trubel des Alltags gibt es viel, was uns richtig gut gelingt und worauf wir stolz sind, und ebenso reagieren wir manchmal richtig doof. Statt den Fokus auf die Fehler zu richten, können wir einen jeden Tag Sicherheit und Liebe schenken. Vielleicht magst auch du den Fokus auf bestärkende und verbindende Momente richten und dein Kind zum Beispiel jeden Morgen fest in den Arm nehmen, eine liebevolle Botschaft in seine Brotdose legen, es jeden Abend fragen: „Was war das Schönste an deinem Tag?“ oder dich bei ihm bedanken, dass es ihn oder sie gibt? Solche kleinen Gesten bewirken Großes und erfüllen seine zentralen Bedürfnisse nach Wertschätzung, Anerkennung, Verbundenheit und Geborgenheit.

Reflexion: Kleine Gesten mit großer Wirkung

- Nimm dir Zeit, darüber nachzudenken, wie du deinem Kind zeigen kannst, dass du es so liebst, wie es ist, unabhängig von seinem Verhalten.
- Schreibe dir drei Dinge auf: Vielleicht genießt dein Kind eure gemeinsame Vorlesezeit, dass du ihm sein Lieblingsessen kochst oder dass es dir ausführlich von seinem Alltag erzählen darf, und du schenkst ihm dabei deine ungeteilte Aufmerksamkeit?
- Überlege dir, wie du diese drei Dinge in deinen Alltag integrieren kannst.

Ich möchte, dass sich meine Kinder jeden einzelnen Tag geliebt fühlen, und das nicht, weil sie etwas Besonderes getan haben, sondern einfach, weil sie sind. Meine wohlwollende Haltung soll nie von ihrem Verhalten abhängen. Ich hoffe, dass sie das darin bestärkt, sich selbst mit einem Lächeln zu begegnen, wenn sie in den Spiegel schauen, auf ihre ureigenen Fähigkeiten zu vertrauen und zu erkennen, wie wunderbar sie sind.

Als ich vor einigen Jahren in einem Buch von Jesper Juul las, dass Kinder lange nicht unterscheiden können, ob wir ihr Verhalten oder ihr „Sein" kritisieren, gingen mir etliche Lichter auf. Seither übe ich mich darin, bewusster zu reflektieren, wenn meine Kinder etwas tun, das ich nicht befürworte. Vor allem wenn ihr Verhalten in mir einen Schmerz auslöst und ich mich dadurch gekränkt, verletzt oder frustriert fühle, versuche ich mir schnell bewusst zu machen, dass meine Gefühle mir gehören und ich ihnen diese nicht überstülpen sollte. In solchen Situationen können wir schnell in die Wie du mir, so ich dir„-Falle" tappen, wie wir es am Beispiel von Louis und seinem Vater erlebt haben. Sehr vereinfacht gesagt, tritt der Schmerz, den wir selbst erlebt haben, sehr präsent zum Vorschein, weil wir eine eigene Erinnerung oder Erfahrung nicht verarbeitet oder ausreichend reflektiert haben. Der Reiz – beispielsweise das unerwünschte Verhalten des Kindes – schlägt bei uns wie ein Blitz ein und fordert uns auf, uns zu schützen. Leider kann dieser Schutz auch so aussehen, dass wir beginnen, zu schimpfen, zu beschämen oder zu drohen und dem Kind zurückmelden: „So, wie du bist, bist du nicht okay! Sei anders!"

Ohne Strafen geht es doch!

Ich kann dir versichern: Ja, das tut es, auch wenn es nicht von jetzt auf gleich funktioniert. Besonders dann nicht, wenn unser persönlicher Rucksack aufgrund unserer Biografie, unserer Prägungen, unserer Erinnerungen oder mangels guter Vorbilder ganz schön schwer ist. Wenn du in herausfordernden Situationen bisher mit einer Drohung, Strafe, willkürlichen Konsequenzen oder körperlicher Kraft reagiert hast, wird es einige Zeit dauern, bis du selbstverständlicher mit mehr Leichtigkeit reagieren kannst. Ich vergleiche das gern mit dem Erlernen einer neuen Sprache: Es braucht Zeit, bis du sie im Alltag auf natürliche Weise anwendest. Bis dahin braucht es Disziplin und eine klare Vorstellung davon, wie du als Elternteil sein möchtest.

Unsere eigenen Erfahrungen und Erinnerungen können wir nicht verändern und die bereits verstrichene Zeit unserer Elternschaft auch nicht rückgängig machen. Die Vergangenheit zu akzeptieren, kann schwer und schmerzhaft sein. Wenn die Last zu groß erscheint, sollten wir Unterstützung annehmen. Aber wir können das Jetzt beeinflussen, den Moment verändern und damit auch die Zukunft. Erinnerst du dich noch an die leuchtenden Vögel? Immer, wenn du im Miteinander Momente spürst, die du feierst, auf die du stolz bist, halte inne und spüre das kleine Picken des „Ahoras“. Es gibt genügend dieser Momente, die wir wahrhaftig erkennen dürfen, bei uns und bei unserem Gegenüber. **Alles beginnt mit der klaren Entscheidung, dass du das Elternteil werden möchtest, das du dir als Kind selbst**

gewünscht hast. Und jeden Tag gibt es so viele wunderbare Momente, dies zu üben und achtsam und liebevoll zu sein – im Umgang mit dir und deinen dir anvertrauten Kindern. **Strafen haben da eigentlich keinen Platz!**

Reflexion: Sei das Elternteil, das du dir als Kind selbst gewünscht hast!

Frage dich gelegentlich:

- Welche Eigenschaften an dir schätzt du besonders?
- Wie möchtest du als Wegbegleiter:in sein?
- Was gelingt dir im Miteinander gut?
- Wärst du gern Kind in deinem Zuhause?
- Was schätzt du an eurem Familienleben besonders?
- Welche Veränderungen würdest du gern in den nächsten drei Monaten anstoßen?
- Womit könntest du gleich beginnen?

Und warum nutzen wir Strafen dennoch ab und zu?

Berta sitzt im Sandkasten und baut einen Turm. Als ein Junge sich ihr nähert, wirft sie blitzartig mit Sand nach ihm. Bertas Mutter ist das so unangenehm, dass sie das Kind augenblicklich aus dem Sand hebt und sagt: „Berta, ich hab es nun so oft gesagt, wenn du mit Sand wirfst, gehen wir nach Hause. Nun ist Schluss!“

Mit einer Strafe reagieren Autoritäten auf ein unerwünschtes Verhalten, einen überfordernden Gefühlssturm oder einen Regelverstoß meist mit dem

Ziel, dieses Verhalten zu stoppen und zu verändern. Die Methoden sind für Kinder in der Regel angsteinflößend, schmerzhaft und nicht verständlich. Sie spüren, dass ihr Verhalten nicht akzeptiert wird. Und sie spüren auch, dass die Bindungsperson nicht unter die Wasseroberfläche zu schauen scheint, um den Sinn und die Hintergründe ihres Verhaltens zu ergründen. Beim Kind kommt die Botschaft an: „Wenn du nicht aufhörst, dich *so* zu verhalten, erfährst du einen Schmerz, für den du aufgrund deines Verhaltens selbst verantwortlich bist."

Berta ist demnach selbst schuld, dass sie nun den Spielplatz verlassen muss. Berta hätte ja auch sagen können: „Liebes Kind, du kommst mir gerade zu nah. Ich brauche mehr Platz. Deine Nähe macht mir Angst. Bitte rutsche etwas weg von mir!" Es wäre so schön und so einfach, könnten Kinder dies bereits in jungem Alter äußern. Häufig fällt es jedoch selbst uns Erwachsenen schwer, Grenzverletzungen zu reflektieren und in Worte zu fassen, was wir gerade brauchen. Bertas Mutter ging es in diesem Moment ja nicht anders. Sie reagierte kopflos. Woran wir uns in solchen Momenten immer erinnern können, ist, dass gemäß dem „Konzept des guten Grundes" ein Verhalten aus dem „System eines Menschen" heraus immer einen Sinn hat. Der Mensch steht damit für seine Bedürfnisse ein. Demnach ist ein auffälliges Verhalten nicht als Störung, sondern als Ausdruck besonderer Bedürfnisse zu interpretieren.[35] Darunter fällt auch das Verhalten der Mutter, nur tragen wir im Gegensatz zu den Kindern die Verantwortung für unser Verhalten.

In Beziehungen ist es nicht nötig, strafend vorzugehen, wir haben immer eine Wahl.

Statt das Verhalten des Kindes gewaltvoll zu unterbinden, sollten wir uns fragen:

- Was möchte das Kind mit seinem Verhalten sagen?
- Was möchte es sicherstellen?
- Auf welche Strategien greift es zurück?
- Welche anderen Wege könnte es gehen, um besser verstanden zu werden?

Wir benötigen Alternativen und einen positiven Blick, um nicht in einen Teufelskreis zu geraten. Denn: Gewalt erzeugt Gegengewalt! Und diese zu stoppen, sollte oberste Priorität in der Begleitung unserer Kinder haben.

Wir Erwachsenen nutzen Strafen aus verschiedenen Gründen, oft um für unser Bedürfnis nach Anerkennung, Ruhe, Harmonie oder Respekt einzustehen. Nur mit völlig schädlichen Strategien, die es zu verändern gilt. Zum Beispiel: Wenn ein Mensch schreit, damit Ruhe einkehrt, nutzt er die laute Stimme für die Erfüllung seines Bedürfnisses nach Ruhe. Es ist nicht verwunderlich, wenn auch Kinder beginnen, dieses Verhalten nachzuahmen. Beobachten wir dies, versuchen wir es garantiert zu unterbinden. Es ist ein wichtiger erster Schritt, selbst zu erkennen, dass wir angestrengt sind (Gefühl) und dass wir Ruhe (Bedürfnis) brauchen, um uns dann zu fragen, wie wir uns dieses Bedürfnis erfüllen können. Schreien zählt zu verletzendem Verhalten, und dieses tut den Kinderseelen weh. Es macht Angst und schüchtert sie ein. Es steht außer Frage, dass strafende Methoden in der Begleitung von Kindern zwingend zu vermeiden sind. Die Folgen von Verletzungen sind langfristig und gehen tief.

Es ist also wichtig, uns die Wirkweise von Strafen bewusst zu machen und sie als solche zu identifizieren, um sie zu vermeiden. In einigen Situationen ist es nämlich gar nicht so einfach, ein problematisches Verhalten zu erkennen. Unter Gewalt verstehen wir die Verletzung des grundlegenden Bedürfnisses nach körperlicher und seelischer Unversehrtheit. Während einige Formen von Gewalt zweifelsfrei zu erkennen sind, ist es in anderen Momenten nicht so einfach, die – oft feinen – Unterschiede auszumachen.

Ob Strafen aus Sicht des Erwachsenen als Gewalt betrachtet werden, hängt von diversen Faktoren wie der Art und dem Kontext, der jeweiligen gesellschaftlichen, kulturellen und sozialen Norm, den moralischen Bewertungen und auch dem Wissensstand über die kindliche Entwicklung ab. Aber Achtung! **Meist kann der Erwachsene nicht absehen, was die Handlung beim Kind auslöst und welche langfristigen Spuren sie eventuell hinterlässt.** Ob ein Kind eine Verletzung oder Grenzüberschreitung erfährt, bestimmt das Kind ganz individuell und nicht wir, völlig unabhängig von den eigenen Vermutungen oder Bewertungen. Gedanken wie „Das war nicht so schlimm!" oder „Das hat mir auch nicht geschadet!" sind völlig fehl am Platz. Es geht um den Standpunkt des Kindes, nicht um die Bewertung von außen.

Mögliche Ursachen

Menschen greifen auf unachtsames Verhalten aufgrund verschiedener Ursachen zurück. Diese möglichen Ursachen möchte ich im Folgenden kurz erläutern. Dabei kann es situativ auch zu einem Mix aus mehreren Gründen kommen. Diesen nachzugehen und sie genauer zu betrachten, kann dabei helfen, das Unbewusste aufzudecken und gezielt zu verändern.

„Das hat mir auch nicht geschadet!"

Strafen werden von Erwachsenen zum Teil noch aus „Überzeugung" genutzt, wenn der eigene Erziehungsstil dies begründet. Insbesondere geschieht das dann, wenn belastende biografische Erfahrungen unverarbeitet bleiben. Eigene Gewalterfahrungen, egal ob diese körperlich sichtbar oder seelisch versteckt abliefen, hinterlassen immer Wunden und somit auch Narben, und bei fehlender Aufarbeitung werden Muster eher weitergegeben.

„Aber ich muss doch Konsequenzen aufzeigen!"

Vielleicht kennst du diese Situation: Du reagierst auf dein Kind mit einem Wenn-dann-Satz und fragst dich im Nachhinein: War das jetzt eine natürliche Konsequenz oder eine Strafe? Sich darüber regelmäßig in der Familie und Partnerschaft auszutauschen, wird uns darin bestärken, unser Handeln zu überdenken und gegebenenfalls strafende Reaktionen zu verändern. Insbesondere bei Sprachgewalt, der Unterscheidung von willkürlichen und logischen Konsequenzen oder der Trennung zwischen Machtmissbrauch und Handeln aufgrund von Schutzgedanken ist es häufig knifflig. Es gibt nicht immer Schwarz und Weiß, sondern auch viele Grautöne dazwischen. Im Unterkapitel „Grenzverletzungen und Strafen erkennen“ werde ich beispielhafte Situationen aufzeigen und einschätzen.

„Ich wollte das nicht, aber ... !“

Eltern berichten immer wieder, dass sie gar nicht schimpfen und strafen wollten, die eigene Überforderung oder Ohnmacht dann aber überhandgenommen hat, und plötzlich war da diese Kraft. Es gibt unterschiedliche Auslöser, die ein übergriffiges Verhalten begünstigen: Stressoren wie Lärm, Zeitdruck, Müdigkeit, Überlastung oder Konflikte können das Stresssystem extrem in Alarmbereitschaft versetzen und den sogenannten Kampf-Flucht-Modus hervorrufen.

In meinen Seminaren erläutere ich dies gern an dem so leicht verständlichen „Handmodell“ des Psychiatrieprofessors und Autors Daniel Siegel[36]. Natürlich ist es auch spannend, sich im Detail mit dem Gehirn zu beschäftigen, um tiefgreifende Zusammenhänge zu verstehen. Für ein grundlegendes Verständnis möchte ich dir aber das folgende Modell mitgeben – praxisnah und hilfreich.

In sieben Schritten zur Selbstregulation

Nimm deine Hand und schließe sie zu einer Faust mit dem Daumen innen liegend und deinen Fingerspitzen sichtbar. Der Arm steht für das Reptiliengehirn, dort werden unsere vitalen Funktionen wie der Herzschlag und die Atmung gesteuert. Die geschlossene Hand steht für dein Gehirn im geschützten und entspannten Zustand. Wir Menschen können dann ruhig denken, planen und unsere Gefühle kontrollieren. Vereinfacht gesagt: Das emotionale Gehirn (auch limbisches System genannt) und das denkende Gehirn (Neokortex) sind miteinander verbunden. Trifft nun ein Reiz ein, schätzt (unter anderem) ein kleiner, mandelgroßer Teil des emotionalen Gehirns namens Amygdala den Reiz ein und entscheidet: Gefahr oder Sicherheit? Bei einem Kind kann es genügen, wenn ein anderes nach seinem Spielzeug greift, sich bedroht zu fühlen. Bei uns Erwachsenen kann sich ein verärgertes, wütendes Kind wiederum anfühlen, als klopfe ein Löwe bei uns an. Entscheidet sich die Amygdala für Alarm, zum Beispiel beim Schrei nach dem Lolli an der vollen Supermarktkasse, dann wird unter anderem Adrenalin freigesetzt, unser Herz beginnt, schneller zu schlagen, die Muskeln spannen sich an. Übertragen auf unsere Hand klappen die Finger nach oben. Die Gehirnbereiche, die unter anderem für das Denken und Fühlen zuständig sind, lösen sich voneinander. In diesem Modus handeln wir meist kopflos, also unüberlegt, und sind in Rage. Wir möchten uns schützen vor Angreifern wie wilden Löwen, die uns vermutlich fressen wollen. Unsere Impulskontrolle, die für die Gefühlsregulation zuständig ist, funktioniert mit Notstrom. Die Amygdala wird auch gern als Gaspedal beschrieben, im gedrückten Zustand strömen Gefühle frei heraus. Zum Glück haben wir Menschen auch eine passende Bremse, den Hippocampus. Ein Bereich im Gehirn, der beispielsweise Erfahrungen abspeichert und diese als gefährlich oder ungefährlich archiviert. Das Kind lernt mit der Zeit, dass es nicht in Gefahr ist, wenn sein Spielzeug sich in den Händen eines anderen Kindes befindet, und auch, wie es mit dieser Herausforderung umgehen kann. Einige von uns haben vermutlich intensive Gefühle als Gefahr abgespeichert, weswegen der Vergleich mit dem Löwen und einem wütenden Kind auch im Erwachsenenalter nicht so fern liegt. Der Hippocampus mit Frontallappen entwickelt sich bis in das junge Erwachsenenalter (23–25 Jahre) und trägt zur Stressregulation bei.[37] Erfahrungen werden dort aber ein Leben lang gespeichert und verändert. Um nun den Löwen förmlich an die Leine zu nehmen und uns selbst vor Überreaktion zu schützen, können folgende Dinge helfen:

1. Lerne die Reize, die dich herausfordern (wie kindlicher Wutanfall, Lärm, Schmatzgeräusche), kennen und beobachte, wie dein Körper auf sie reagiert.
2. Spürst du Stress, so nimm diesen bewusst wahr, damit er nicht die Kontrolle über dich gewinnt, sondern du selbstreguliert handeln kannst.
3. Erkenne deine Körperreaktionen wie ein Ziehen in der Brust, einen schnellen Atem oder Herzschlag.
4. Drücke sinnbildlich die S-t-o-p-p-Taste! Das ist der entscheidendste Gamechanger. Werde dir darüber klar, dass zwischen dem eintretenden Reiz (dem Wutanfall an der Supermarktkasse) und unserer Reaktion die Freiheit liegt zu entscheiden, wie wir handeln!

5. Lege dir bewusst eine Exit-Strategie zurecht: Zählen bis zehn, tiefes und bewusstes Atmen, Singen oder Summen sind sehr beliebt.
6. Beobachte deine Gedanken, denn diese treiben uns zusätzlich an und drücken förmlich auf das Gaspedal, oder aber – was die bessere Variante wäre – sie beruhigen und bedienen die Bremse. Statt zu denken: „Das Kind soll aufhören, wütend zu sein!“, denke: „Es ist nur ein Kind in Wut und es benötigt meine Unterstützung!“ Positive Gedanken, auch Affirmationen genannt, können nachhaltig deine Glaubenssätze verändern und lassen sich bei mehrfacher Wiederholung in deinem Unterbewusstsein nieder.[38]
7. Auf diese Weise gelangst du erst gar nicht in die Übererregung oder auf den Weg dorthin, sondern drückst bewusst die Bremse, und es gelingt dir, wieder planvoll und achtsam zu handeln.

Betrachtest du nun wieder deine Hand, so klappen deine Finger wieder zusammen und schützen dein Gehirn. Ruhe und Entspannung können zurückkehren.

Und vielleicht ergeht es dir gelegentlich wie mir: Deine Impulskontrolle erinnert dich an die eines Kleinkindes. Dann denke bitte daran, dass wir diese ein Leben lang trainieren können mit dem entscheidenden Zusatz: Unser Gaspedal (Hippocampus) ist bereits mit etwa dreiundzwanzig bis fünfundzwanzig Jahren ausgereift. Das kindliche Gehirn reift noch und benötigt sehr viele gut gelöste Konflikte und

7 Schritte zur Selbstregulation

1. AUSLÖSER ERKENNEN
   SCHMATZEN, LÄRM …
2. KÖRPEREMPFINDUNGEN/STRESS WAHRNEHMEN
3. KÖRPERREAKTIONEN ERKENNEN
   HERZSCHLAG, HITZE …
4. S-T-O-P-P
5. EXIT-STRATEGIEN ANWENDEN
   ATMEN, ZÄHLEN …
6. GEDANKEN BEOBACHTEN
   STATT: "DAS MACHT ES MIT ABSICHT!"
   DENKE: "EIN KIND IN WUT IST EIN KIND IN NOT!"
7. PLANVOLLES & ACHTSAMES HANDELN – OHNE STRESS

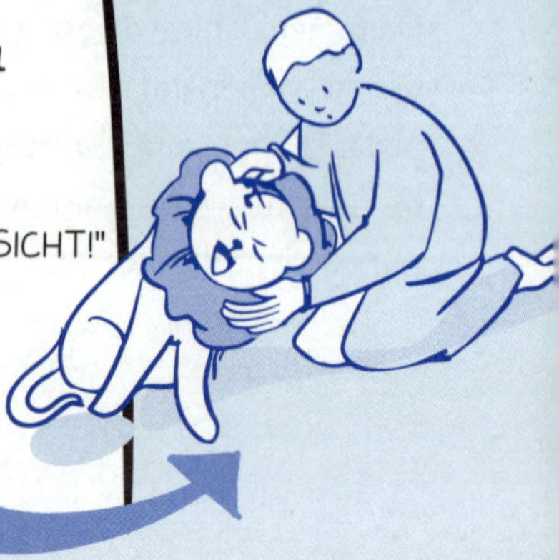

Bezugspersonen, die co-regulieren, bevor es nach und nach eigene Impulse selbst regulieren kann.

Reflexion: Stress als Auslöser – wie ist es bei dir:

- In welchen Situationen neigst du dazu zu strafen?
- Welche Stresssignale reizen dein Stresssystem?
- Wie kannst du dich selbst davor schützen, in diese Überreaktion zu geraten?

Grenzverletzungen und Strafen erkennen

Im Folgenden beschreibe ich die körperlichen und seelischen Grenzen von Kindern, die wir im Zusammenleben mit ihnen berücksichtigen sollten. Jedes Kind ist hochindividuell und einzigartig und nicht mit einem anderen vergleichbar. **Verletzen wir eine Grenze, ist der Grat, der von einer Verletzung zu gewaltvollem Handeln führt, sehr schmal.** Letztlich entschiedet immer das Kind als Empfänger, wie es etwas empfindet, und nicht der Erwachsene als Sender. Selbst wenn wir etwas liebevoll meinen, es aber verletzend beim Kind ankommt, ist dies ausschlaggebend.

Körperliche Grenzen achten

Die körperlichen Grenzen eines jeden Menschen sind individuell. Unser Gehirn erzeugt eine unsichtbare Markierung wie eine Pufferzone, um unseren persönlichen Raum zu schützen. Werden die Grenzen dieses Bereichs nicht respektiert, kann dies unangenehme Konsequenzen haben. Unter Erwachsenen sind es beispielsweise unsittliche Berührungen oder zu viel Nähe. Je nach Situation wird diese Zone unbewusst „berechnet". So verkraften wir mehr Nähe in Fahrstühlen als außerhalb dieser.[39] Denken wir nun an Situationen, in denen Erwachsene Kindern begegnen: Oft erleben wir, dass die Kinder zur Begrüßung geküsst werden, ihnen liebevoll über den Kopf gestreichelt oder auch plötzlich und unangekündigt die Nase geputzt wird, sie hochgenommen, weggetragen oder gewickelt werden. Ähnlich wie bei erwachsenen Personen sollten wir auch bei Kindern in allen Bereichen, die den Körper betreffen, um vorherige Einwilligung bitten. Wie oft wir in diesen Bereichen die kindlichen Grenzen überschreiten, fällt uns erst auf, wenn wir im Alltag bewusst darauf achten. Zum Beispiel:

Körperliches Anpacken und Fixieren:
„Komm jetzt her!" (Erwachsener zieht Kind am Arm.)
„Nun kommst du auf meinen Schoß und bleibst hier sitzen! So!"
„Zähne putzen muss sein! Wenn du nicht mitmachst, putz ich sie dir eben!" (Erwachsener hält Kind fest im Arm.)
In Situationen wie diesen werden die körperlichen Grenzen eines Kindes ohne einen triftigen Grund verletzt. Selten lösen solche Grenzverletzungen beim Erwachsenen Irritation aus, denn das Kind „muss doch". Hier wird in das Recht des Kindes eingegriffen, und es ist an uns, diese

Grenzverletzungen aufzudecken und zu reflektieren. Ein ernsthafter Grund, ein Kind ohne Einwilligung körperlich anzupacken, wäre der Schutz des Kindes, etwa an einer Straße oder wenn es dabei ist, einen Stein zu werfen, wodurch wiederum jemand oder etwas anderes in Gefahr gerät.

Zwänge aller Art

„Du musst erst die Suppe probieren, bevor es mehr Brot gibt."

Ein Kind sollte selbst entscheiden können, ob es etwas essen möchte. Beim Einführen in Körperöffnungen befinden wir uns in dem intimsten Grenzbereich eines Menschen. Dieser steht in enger Verbindung mit dem Bewusstsein für den eigenen Körper und der Würde des Kindes.

Blickt man aus der Perspektive der Kinderrechte darauf, so steht außer Frage, dass Kinder – abgesehen von Ausnahmesituationen oder Notfällen – selbst wählen sollten, ob und was sie essen, einschließlich der Menge der ihnen angebotenen Speisen. Es ist durchaus sinnvoll, Kinder zu ermuntern, Neues zu probieren, sie dabei zu unterstützen und ihnen durch eigenes Verhalten ein positives Beispiel zu geben. Allerdings ist es keineswegs akzeptabel, Kinder zum Essen zu nötigen oder gar das Essen an bestimmte Bedingungen zu knüpfen wie etwa: „Wenn du das jetzt nicht isst, gibt es später keinen Nachtisch!" Oder: „Jetzt wird es morgen regnen, willst du das?". Solche Vorgehensweisen sind nicht nur grenzüberschreitend, sondern können auch Abneigungen fördern und ein gesundes Ernährungsverhalten gefährden. Kinder besitzen in der Regel ein natürliches Gespür dafür, was ihnen guttut und was ihr Körper verlangt. Deshalb ist es von großer Bedeutung, ihnen eine Vielfalt an gesunden und ausgewogenen Mahlzeiten anzubieten.[40]

Sehr ähnlich verhält es sich mit dem Zwang zu schlafen, bestimmte Kleidung zu tragen oder dem Zähneputzen. Kinder dürfen nicht zu etwas gezwungen werden, ebenso wie es als gewaltvoll zu werten ist, wenn ihnen Schlaf, Liebe, Nahrung, Geborgenheit oder Trost entzogen werden.

Wie bereits geschildert, kann es auch Notsituationen geben, in denen der Erwachsene seine Macht bedacht gegen den Willen des Kindes ausübt, um dieses zu schützen. Wichtig ist dabei, dass er oder sie sein Handeln sprachlich begleitet, am besten auch begründet, und das Kind – sobald möglich – emotional auffängt. Es geht also darum, Kinder in bestimmten Momenten wie in einem Wolfsrudel zu führen und sie an unserem Erfahrungs- und Wissensvorsprung teilhaben zu lassen, und dies gleichzeitig auf eine Art und Weise zu tun, die auf körperliche und seelische Verletzungen verzichtet. Wichtig ist von Situation zu Situation zu überprüfen, ob es tatsächlich um Schutz geht oder ob ihr durch euer Verhalten bestimmte Diskussionen umgehen möchtet oder gar eure Macht aufzeigen wollt.

Ein paar Beispiele: An einer befahrenen Straße hältst du dein Kind am Arm? Du schützt es vor einer Lebensgefahr. Du presst deinem Kind die Zahnbürste in den Mund aus Sorge vor einem Loch im Zahn? Das gefährdet die seelischen Grenzen des Kindes, und die Sorge, dass die Zähne tatsächlich kaputtgehen, ist in der Regel unbegründet. Besser wäre es, andere Vorgehensweisen auszuprobieren. Genauso sollten wir beim Wickeln immer wieder abwägen, ob der Schutz vor einem wunden Po unsere körperliche Macht in diesem Moment tatsächlich begründet. Auch hier hilft in der Regel Geduld und Empathie – für das Kind und auch für uns selbst. Eltern möchten in der Regel alles so gut wie möglich machen, und dazu gehört eben auch, das Kind vor Löchern in den Zähnen und dem schmerzhaften Zahnarztbesuch zu schützen, genauso wie vor Hautirritation oder gar einem Sonnenbrand. Dieser Druck, der durch diese Stimmen in und um uns stetig erhöht wird, ist teilweise regelrecht lähmend oder auch antreibend. Es lohnt sich, die einzelnen Situationen genauer anzusehen, um eben nicht in die Fallen zu tappen, in die bereits unsere Eltern getappt sind. Zähne putzen ist in den meisten Familien eine zwei- bis dreimal tägliche unumgängliche Pflichtveranstaltung, gerade wenn es in der eigenen Kindheit schon ein unumgängliches Muss war. Dieser Druck erzeugt aber meist Gegendruck und – auch auf die Gefahr hin, mich zu wiederholen – schaut doch bitte in eurem Miteinander, ob ihr diese Regel auf jeden Fall so weitertragen möchtet oder euch eine Aufweichung guttun würde. Wir haben große Angst davor, dass Ausnahmen zur Normalität werden, die aber oft unbegründet ist: „Heute bist du viel zu müde? Darf ich dir flink über die Zähne drüberputzen? ... Na gut, dann müssen wir aber morgen früh besonders gründlich sein!" Auch ein gegenseitiges Putzen kann die Situation entspannen: „Ach, ich bin auch so erschöpft. Magst du mir meine putzen und ich dir deine?"

Es ist generell eine gute Idee, Hygiene durch andere einmal am eigenen Leib zu erfahren. Ich erinnere mich noch sehr genau an eine Weiterbildung vor zehn Jahren, bei der wir uns gegenseitig die Socken anzogen, uns die Hände wuschen und uns fütterten. Diese Erfahrung hat sich bei mir nachhaltig eingeprägt. Lasst euch auch mal von einem anderen Menschen die Zähne putzen oder euch anziehen und fühlt euch diesen kleinen Moment in euer Kind ein. Dieses erlebt solche Momente täglich mehrere Male, manchmal in Hektik (zumindest passiert es mir), ohne diese feinfühlige und sprachbegleitete Art. Es ist also nicht verwunderlich, dass Kinder uns gelegentlich mitteilen, wie sich etwas für sie anfühlt, und ihre körperliche Grenze aufzeigen. Vielleicht liest du diese Zeilen auch und bleibst ganz standhaft bei der Regel, dass Zähneputzen einfach unumgänglich ist. Daran möchte ich nichts ändern, dich aber auffordern, den körperlichen Schutz (Sorge vor Karies) nicht vor den seelischen Schutz deines Kindes zu stellen. Fordern wir etwas mit Druck, Zwang, Beschämungen, Drohungen oder auch mit Fixierung durch Körperkraft, erfüllen wir uns dabei unser Bedürfnis nach Gesunderhaltung und verletzen gleichzeitig die Werte Selbstbestimmung, Gleichwürdigkeit und Gewaltlosigkeit. Daher ist es so wichtig, gut abzuwägen, in welchen Situationen das Kind mitbestimmen kann und wann wir Führung im Sinne des Schutzes für unumgänglich halten.

Auch ältere Kinder fordern uns regelmäßig heraus, indem sie beispielweise die Medienzeit ausreizen, statt sie zu beenden. In einem solchen Moment fühlen wir uns womöglich provoziert, und eine innere Stimme fordert uns dazu auf, nun aber „durchzugreifen" und dem Kind gegenüber Macht zu demonstrieren. Eine gute Idee? Durchatmen und uns darüber klar zu werden, wie wir uns gewaltfrei positionieren, ohne uns auf einen Machtkampf einzulassen, sind angebrachtere Strategien.

Reflexion: Ein Blick zurück

Wenn Strafen und Gewalt für dich ein Thema sind, lade ich dich ein, dir folgende Fragen zu stellen. Gehe dabei in deinem eigenen Tempo vor und sei bitte achtsam, insbesondere wenn dies Erinnerungen oder unangenehme Gefühle in dir hervorruft:

- Was bedeutet Gewalt für dich?
- Gab es bei dir zu Hause Gewalt und Strafen? Welche Handlungsweisen oder Sätze hast du als Reaktion erfahren, wenn du unerwünschtes Verhalten gezeigt hast?
- Wie hast du dich gefühlt?
- Was hättest du dir damals gewünscht?
- Was würdest du dir heute aus der Perspektive des Kindes von deinen Bezugspersonen wünschen?
- Wie reagierst du heute auf unerwünschtes Verhalten?
- Wie möchtest du gern zukünftig darauf reagieren?

Seelische Grenzen achten

Seelische Grenzen beziehen sich darauf, wie eine Person sich im Kontakt mit anderen fühlt und ob und wie ihre individuellen, emotionalen Grenzen gewahrt bleiben. Was Mimik, ein Wort oder ein Satz bei einem Menschen auslösen können, ist oft nicht absehbar, und wie dieser sie wahrnimmt und verarbeitet ebenso wenig. Es ist wichtig, dass Kinder in ihrer Kindheit lernen, ihre eigenen seelischen Grenzen wahrzunehmen und diese auch zu verteidigen.

Verhaltensweisen, die seelische Grenzen verletzen und die wir unbedingt vermeiden sollten, sind: Ignorieren, Ausgrenzung, Auszeiten, Beschämungen, Zwang, Angstmachen, mimische Herabwürdigungen, Manipulation, Sarkasmus und Ironie sowie Schimpfen.

Im Folgenden möchte ich einige kurze Beispiele anführen, bei denen es sich um Verletzungen seelischer Grenzen handeln kann. Nicht selten werden diese Muster genutzt, um Kinder zu einer Verhaltensänderung zu bewegen oder um auf ein „Fehlverhalten" hinzuweisen.

Drohungen

„Wenn du weiter schubst, fällt die Geschichte heute Abend aus."

„Der Weihnachtsmann kommt nur zu lieben Kindern, wenn du dich so benimmst, dann ..."

Wenn wir von Kindern erwarten, dass sie lieb und brav sind, dann lernen sie, ihr Verhalten an unseren Erwartungen auszurichten. Unsere Vorstellungen beinhalten nicht selten eine ablehnende Haltung gegenüber Traurigkeit,

Wut, Frustration und Ärger. Wenn wir uns wünschen, dass Kinder selbstbewusst und selbstbestimmt heranwachsen, ist es hingegen wichtig, dass sie lernen, ihre Gefühle zu zeigen und zu deuten, egal wie sie gerade sind. Gefühle sind wie ein Kompass zu verstehen und zeigen uns, ob unsere Bedürfnisse erfüllt oder unerfüllt sind. Und dies lässt uns erkennen, ob wir eine Grenze wahren müssen, um uns zu schützen. Statt also zu fragen „Bist du artig und brav gewesen?“, zeigen wir mit diesem Satz echtes Interesse: „Was fühlst und brauchst du?“ Figuren wie der Weihnachtsmann, der Osterhase oder bestimmte Berufsgruppen (Polizei, Mediziner) sollten nicht für Manipulation und dunkle Erziehung missbraucht werden!

Willkürliche Konsequenzen

„Wenn du mich anlügst, kannst du am Wochenende nicht bei Oma schlafen.“

„Wenn du in die Pfütze springst, darfst du am Nachmittag nicht auf den Spielplatz.“

Mit den Konsequenzen ist es so eine Sache: Aus Erwachsenensicht sagen wir gern Dinge, die wir als logische Konsequenz ansehen. Dabei handelt es sich bei logischen Konsequenzen um natürliche und nachvollziehbare Folgen eines Verhaltens. Was wir dabei gern vergessen, sind die Zwischenschritte, die aus Willkür Logik werden lassen. Bleiben wir bei der Pfütze: Logisch wäre es, dass ein Kind ohne Gummistiefel in einer Pfütze nasse Schuhe bekommt. Daraus ergibt sich vermutlich, dass das Kind ohne Wechselschuhe am Nachmittag nur mit nassen Schuhen auf den

Spielplatz gehen kann und wir besorgt sind, dass es sich dadurch erkältet. Das Bedürfnis nach Unversehrtheit und Gesundheit lässt uns zu diesem Satz greifen.

Ich finde es in der Tat unfassbar wichtig, dass Kinder durch unsere (verbale) Begleitung die Folgen ihres Handelns abschätzen lernen. Dabei sollten wir aber die Zwischenschritte nicht übergehen, die aus einer nicht nachvollziehbaren, willkürlichen Konsequenz eine logische Konsequenz werden lassen. Also könnten wir in der Situation Folgendes sagen: „Achtung, da ist eine Pfütze. Mir ist wichtig, dass du trockene Füße behältst. Bleib stehen!" Wir können uns aber auch einmal fragen: Ist es tatsächlich problematisch, wenn die Schuhe nass werden? Aus welcher Überzeugung limitiere ich das Kind? Wenn wir dies aus dem Schutzgedanken heraus mit einem Ja beantworten, kann es bei jüngeren Kindern nötig sein, sie wegzulotsen oder auf den Arm zu nehmen – vielleicht auch gegen ihren Willen. Darauf wird ein Kind vermutlich verärgert und frustriert reagieren. Dann ist es an uns, das Kind mit seinen Gefühlen zu begleiten. Ganz im Sinne der Grundhaltung: Alle Gefühle dürfen sein und sind okay! Frustration wird vergehen. Greifen wir hingegen – aus welchen Gründen auch immer – auf beschämende, drohende oder demütigende Sätze wie „Nun mach nicht so ein Theater! Du Heulsuse!" oder „Wenn du nicht aufhörst, dann ..." zurück, verletzen wir das Kind hingegen und fügen ihm seelischen Schmerz zu. Logische Konsequenzen sind entsprechend dem Alter des Kindes und den eigenen Werten und Erziehungszielen zu prüfen.

Ignorieren

„Du plapperst immer dazwischen, dir höre ich nun nicht mehr zu, bis du es verstehst!"

Von einer Bindungsperson ignoriert, also abgelehnt zu werden, kann sehr unangenehm und schmerzhaft für ein Kind sein und sogar seelischen Schaden anrichten. Was Kinder daraus lernen, ist vermutlich, dass sie mit dem, was in ihnen vorgeht, nicht wahr- und ernst genommen werden. Sie sollen ihre Gefühle unterdrücken, lernen dadurch aber nicht, ihre Impulse zu regulieren.

Vernichtende Kritik

„Wasch dir mal die Ohren! Ich sag es nicht noch mal!"

„Du benimmst dich wie ein Baby, werde erst mal größer!"

Vergleichen und Bevorzugen

„Schau mal, dein Bruder macht nicht so ein Drama."

„Oh, wie toll Leo isst! Nimm dir mal ein Beispiel daran!"

Kinder möchten ihren Bezugspersonen gefallen. Ein Vergleich kann daher dazu führen, dass ein Kind versucht, das hervorgehobene Verhalten nachzuahmen, um auch Anerkennung zu genießen. Statt Kinder mit anderen zu vergleichen, stärkt es ihr Selbstvertrauen, wenn wir sie sehen, statt sie zu bewerten (dazu später mehr). Durch Anreize wie durch Belohnungen oder Druck wird ein Kind extrinsisch (von außen) motiviert. Bestimmte Ziele werden so kurzfristig erreicht, das Kind kann jedoch von den äußeren Anreizen abhängig werden. Fehlen diese dann, stellt sich eine Antriebslosigkeit ein und das erwünschte Verhalten bleibt aus. Im Gegensatz zur extrinsischen Motivation ermöglicht die intrinsische (von innen) Motivation, eigenständig und aus persönlichem Antrieb und Interesse zu handeln, auch wenn äußere Anreize fehlen. Dadurch wird Engagement gefördert und Zufriedenheit und Selbstständigkeit werden unterstützt.

So könnten die Beispiele bestärkend formuliert werden:

- *„Jedes Kind ist einzigartig und hat seine eigenen Stärken. Ich sehe, wie du dich anstrengst, das bewundere ich!"*
- *„Wow, Leo schmeckt sein Essen sehr. Ich freue mich zu beobachten, wie er es mit allen Sinnen genießt."*

„Im Grunde ist es ziemlich beunruhigend, wenn man sich darüber klar wird, wie *lieblos* es sein kann, Kindern etwas als Belohnung dafür zu geben, dass sie getan haben, was wir wollten. Wenn wir allzu viele Dinge vom Verhalten eines Kindes abhängig machen, wird unsere Liebe selbst als abhängig von bestimmten Dingen wahrgenommen"[41], schreibt der amerikanische Autor Alfie Kohn in *Liebe und Eigenständigkeit.* **Senden wir eine Botschaft an unser Kind, mögen der Grund und das Motiv gut gemeint sein, entscheidend hingegen ist, was beim Kind ankommt.** Kohn wirft die Frage auf, warum es uns im Miteinander ein ständiges Bedürfnis ist, das kindliche Tun zu beurteilen, egal ob in lobender oder kritischer Art und Weise. **Wie können wir einen Weg finden, etwas Positives, Bestärkendes zu sagen, ohne dabei zu urteilen?** Möchten wir etwas sagen, können wir Gesehenes beschreiben und dem Kind dabei offenlassen, was es selbst darüber denkt, statt durch unsere Bewertung seine Gedanken zu lenken. Eine einfache, wertneutrale Beobachtung, um dem Kind zu signalisieren, dass wir sein Handeln wahrgenommen haben, ist zum Beispiel: „Du hast es geschafft!"

Wertschätzen wir, so richten wir den Fokus darauf, was das Tun bei uns auslöst, und verbinden uns mit den eigenen und kindlichen Gefühlen und Bedürfnissen auf Augenhöhe. Für mich persönlich ist entscheidend, ob ich mich mit dem Kind an seinem Tun erfreue und dies authentisch zum Ausdruck bringe oder ob ich etwas beobachte und bewerte, um das kindliche Verhalten dadurch verändern zu wollen. Eine wertschätzende Sprache ist wie Balsam für den Selbstwert des Kindes und das Miteinander. Versuchen wir unsere Beobachtung wertschätzend zu teilen, üben wir uns in Selbstoffenbarung und verzichten damit bewusst auf (Be-) Wertungen und Urteile. Kinder sind daran interessiert zu erfahren, wie wir etwas sehen. Sie haben ein Bedürfnis nach Orientierung und Führung, die sie durch unsere präsente Rückmeldung erhalten, dennoch können sie frei entscheiden, wie sie damit umgehen.

Möchten wir wertschätzend sprechen, so können wir:[42]

- Kindliche Bedürfnisse erfüllen, zum Beispiel gesehen und angenommen zu werden: „Ich sehe dich da ganz oben!" (beim Klettern, Schaukeln ...)
- Eigene Gefühle benennen: „Ich freue mich sehr, dass du ..."; „Ich bin so stolz darauf, dass ...".
- Die Gefühle des Kindes thematisieren: „Wie fühlst du dich?"; „Du wirkst glücklich über ...".

- Dankbarkeit ausdrücken: „Danke, dass du mir davon erzählt hast.“
- Eine Beobachtung verbalisieren: „Wow, der Turm ist echt hoch. Nun wackelt er.“
- Echtes Interesse formulieren: „Möchtest du mir das zeigen?“

Die folgenden Sätze sollen (in Anlehnung an Kohn) Wertschätzung, Interesse, Aufmerksamkeit und Ermutigung bieten, ohne diese an Bedingungen zu knüpfen.[43]

Statt …	**probiere mal …**
„Es gefällt mir, wie du ..."	… „nur" Aufmerksamkeit und Präsenz zu schenken, ohne etwas zu sagen.
„Gut gemacht. Das Bild gefällt mir!"	… zu beschreiben, was wir sehen, ohne zu bewerten: „Da ist Blau und auch sehr viel Rot, wie ich sehe."
„Du bist so hilfsbereit!"	… zu erläutern, wie sich das Verhalten auf andere auswirkt: „Du hast bereits das Puzzle eingeräumt und wir können sofort anfangen zu malen und haben nun mehr Zeit!"
„Du hast eine … (*Note xy*) geschrieben?"	… sich für das kindliche Empfinden und die Hintergründe zu interessieren: „Bist du zufrieden mit deiner Arbeit? Wie war es für dich? Welche Aufgaben haben dich herausgefordert? Was fiel dir leicht?"
„Ja, teilen ist toll! Gut gemacht!"	… zu hinterfragen und zu beobachten, statt zu bewerten: „Oh ich sehe, du teilst dein Lieblingsspielzeug. Wie geht es dir damit?"

Verstärker- und Belohnungssysteme

„Wer sich so verhält, bekommt keinen Stern.“

„Heute kannst du keine Serie gucken, erst wenn du mal einen Tag deinen Bruder nicht haust! Schaffst du das morgen?“

Solche Verstärkersysteme sollen Kinder motivieren, sich immer von ihrer besten Seite zu zeigen, und fokussieren bewusst auf das Verhalten statt auf Ursachen und Bedürfnisse. Für Kinder – auch für die angepassten – kann dies mit großem Stress und Anspannung verbunden sein. Sie spüren Scham und Angst oder auch Mitgefühl für die Kinder, die negativ hervorgehoben werden. Sie lernen, dass sie nur erwünschtes Verhalten zeigen dürfen, und unterdrücken ihre eigenen Bedürfnisse oder fallen bewusst auf, um Aufmerksamkeit zu erhalten. Dies wirkt sich störend auf das Selbst- und Fremdbild aus und behindert eine gleichwürdige Beziehung.[44]

Beschämung, Herabwürdigung, lächerlich machen

„Das können ja Babys besser!“

„Du bekommst einen Preis für die langsamste Schnecke aller Zeiten!“

„Ich hab heute extra die Kleckerdecke aufgelegt, weil ich wusste, du kommst zum Essen!“

An letzteren Satz kann ich mich noch sehr gut erinnern. Mein Kleckern als Kind war bei meiner Oma Anlass, vor meinem Kommen die geblümte abwischbare Decke auf den Esstisch im Wohnzimmer zu legen und dies auch mit meiner Tollpatschigkeit zu begründen. Sicherlich hatte sie damit nicht bewusst vor, mich bloßzustellen, was bei mir ausgelöst wurde, war dennoch ein Gefühl von Unzulänglichkeit. Ich höre sogar heute noch ein Kichern aus dem Raum, denn solche Witze auf Kosten anderer erheitern manchmal die, die nicht betroffen sind. Wenn wir auf Defizite hinweisen oder Geschichten erzählen, die für den oder die Betroffene/n peinlich sind, erzeugt dies ein Gefühl von Scham, mit dem wir nach den Psycholog:innen Paul Gilbert und Bernice Andrews[45] sehr unterschiedlich umgehen. Dabei sind vier verschiedene Reaktionen typisch:

- Wir gehen zum Gegenangriff über. Aus dem Gefühl der Ohnmacht und Scham heraus suchen wir beim Gegenüber nach einem Defizit und machen uns darüber lustig. Damit lenken wir von uns ab und erlangen die Kontrolle zurück.
- Wir versuchen, uns unsichtbar zu machen und Situationen, die uns beschämen könnten, zu vermeiden. Auch das Grinsen eines Kindes in einer eigentlich ernsthaften Situation ist auf Scham zurückzuführen. Das Kind möchte damit eigentlich beschwichtigen.
- Wir besänftigen Konflikte präventiv, ohne dass dazu Anlass besteht, indem wir uns ständig entschuldigen oder uns hilflos zeigen, was auch eine Form sein kann, Scham vorzubeugen.

Ein anderer Weg ist es, wenn wir uns unseren Schwächen und Fehlern zuwenden und einen tatsächlichen Fehler wiedergutmachen.[46] Ich reagierte als Kind mit totaler Anpassung und war übervorsichtig, damit ich bloß keinen Fehler machte. Ob ich dadurch tatsächlich weniger kleckerte, bezweifle ich, denn meine Oma sagte gern auch nach dem Essen: „Gut, dass ich die Decke aufgelegt habe!" Was mir von diesen „lustigen Sprüchen" bis heute blieb, ist, dass ich bevorzugt mit Menschen esse, mit denen ich mich wohl- und sicher fühle, und in unbekannten Situationen Essen bestelle, das „kleckerfreundlich" ist. Heute kann ich darüber lächeln, genieße die Essensfreude meiner Kinder und thematisiere Kleckern eher selten. Ich bin aber sicher, dass auch ich mit Worten und Gesten Spuren hinterlasse, über die vielleicht meine Kinder mal in Büchern erzählen.

Dinge entwenden

„Wenn du das nicht kannst, nehme ich es dir bis morgen weg! So!"

Diese Situation kennt ihr bestimmt auch: Zwei Kinder streiten sich um ein Spielzeug oder einen Gegenstand, und ihr geht dazwischen, entreißt das Spielzeug dem einen Kind und gebt es dem anderen. Oft bekommen wir gar nicht mit, wie die Situation begonnen hat, und entscheiden blitzschnell über Recht und Unrecht. Damit ermöglichen wir den Kindern nicht, die Situation zu verstehen und zu besprechen. Und, was ähnlich hinderlich ist, die Kinder erfahren, dass der oder die mächtigere Person das Recht hat, etwas zu entwenden. Im Grunde ahmen wir ein Verhalten nach bzw. leben es vor, das wir ja ablehnen und uns anders wünschen. Die Idee wäre also, sich für die Situation und die Belange der Kinder zu interessieren, die Gefühle zu regulieren, zu verbalisieren und gemeinsam nach einer Lösung zu suchen. Ein Verhalten, das wir bei den Kindern nicht möchten, sollten wir selbst auch nicht zeigen! Ihr wisst: Kinder tun nicht das, was wir sagen, sondern das, was wir tun. Sie beobachten uns auf Schritt und Tritt und ahmen uns nach. Vielleicht nicht sofort, sondern später, wenn sie selbst in einer ähnlichen Situation der oder die Überlegene sind.

Auszeiten und Bindungsstrafen

„Du gehst nun in dein Zimmer und kannst erst wiederkommen, wenn du dich beruhigt/darüber nachgedacht hast!"

Ich vermute, dass wir besonders dann dazu neigen, Kinder von uns zu schieben und in ihre Zimmer zu verbannen, wenn wir selbst eine Auszeit benötigen und nicht wissen, wie wir uns diese einräumen können. **Aus Selbstschutz und Überforderung zeigen wir den Kindern, dass es so nicht gehen kann, und versuchen, ihr Fehlverhalten, welches meist ein Schrei aus Not ist, zu bremsen oder zu regulieren.**

Die Auszeitmethode, die auch als „stiller Stuhl", „stille Treppe" oder „Time-out" bekannt ist, basiert auf der Idee einer „Bindungsstrafe"[47], bei der das Kind starke Bindungsängste erlebt. Aufgrund der erzwungenen Isolation empfindet das Kind Einsamkeit, Verzweiflung, Trauer und emotionalen Schmerz. Diese seelischen Belastungen hinterlassen tiefe Spuren im Gehirn des Kindes und führen dazu, dass das Kind sein Verhalten an die Erwartungen der Bindungsperson anpasst, um sich wieder zugehörig zu fühlen. Wenn ein Kind ausgeschlossen wird, um es zu einem gewünschten Verhalten zu bewegen, stellt dies eine erhebliche Gefahr für seine psychische Gesundheit dar, da es das fundamentale Bedürfnis nach Bindung bedroht. Diese Methode nutzt die natürliche Angst des Kindes vor dem Verlust von Bindung aus. Das Kind gerät in emotionalen Stress, kann jedoch in dieser Situation nicht reflektieren oder daraus zukünftiges Lernen ableiten, wie möglicherweise beabsichtigt. Eine alternative Herangehensweise besteht darin, dass das Kind selbst einen Rückzugsort wählt oder die Bindungsperson gemeinsam mit dem Kind die belastende Situation verlässt, zum Beispiel einen Spaziergang im Garten unternimmt. Auf diese Weise erlebt das Kind eine Co-Regulation und bleibt in Verbindung mit seiner Bindungsperson. Hierbei handelt es sich um eine intensive Interaktion, eine Zeit, in der das Kind im Eins-zu-eins-Kontakt Resonanz, Zuwendung, Regulation und ein aufrichtiges Interesse an seinem Verhalten erfährt.[48] Die Bindungsperson kann zudem in entspanntem Zustand dem Kind Rückmeldungen darüber geben, welches Verhalten erwünscht ist, und gemeinsam mit dem Kind nach Handlungsalternativen suchen.

Anschreien

„Nun reicht es aber! Wer nicht hören will, muss fühlen!" (mit sehr lauter Stimme)

„Wie du mir, so ich dir!"

„Du wolltest es wohl nicht anders! Ich mach heut gar nichts mehr mit dir!"

Trostverweigerung

„Das ist nun echt kein Grund zum Weinen. Hör auf!"

„Das ist nur ein Mini-Kratzer und tut nicht weh!"

Auf strafende Verhaltensweisen greifen wir also zurück, wenn wir es nicht besser wissen, überfordert sind oder davon überzeugt, dass sie uns an unser Ziel bringen. Letzteres sollten wir spätestens nach dem Lesen der letzten Seiten hinter uns lassen. Denn Strafen schaden der kindlichen Entwicklung und dem Miteinander, und vor allem lernt ein Kind durch sie nicht, einen Konflikt gewaltfrei zu lösen.

Auch seelische Verletzungen wiegen schwer

Auf ein Phänomen möchte ich in diesem Zusammenhang noch eingehen, nämlich dass wir in der Regel auf körperliche Verletzungen und Grenzüberschreitung stärker reagieren als auf seelische. Körperliche Misshandlungen werden auch weitaus häufiger gemeldet als seelische. Vermutlich liegt das daran, dass wir seelische Verletzungen als gar nicht so schlimm wahrnehmen und sie oft auch gar nicht erkennen, weil sie „unsichtbare" Schmerzen auslösen, deren Folgen oft erst später zum Vorschein kommen. Ein Meilenstein wurde durch die Erkenntnisse von Forscher:innen wie Naomi Eisenberger im Jahr 2003 gelegt. Ihre neurowissenschaftlichen Untersuchungen haben gezeigt, dass sozialer oder emotionaler Schmerz ähnliche neuronale Mechanismen im Gehirn aktiviert wie körperlicher, die „Schmerzmatrix" springt förmlich an. Uneinig ist sich die Wissenschaft hingegen noch darüber, ob die

Aktivierung des Schmerzzentrums durch einen seelischen Schmerzreiz automatisch bedeutet, dass die Person tatsächlich Schmerzen empfindet. Die Schmerzzentren springen aber scheinbar in ähnlicher Form an und es scheint außer Frage zu stehen, dass seelische Verletzungen einen messbaren Einfluss auf das Gehirn haben können wie eben körperliche Verletzungen auch. Und wer sich selbst an eine Verlust- oder Ausgrenzungserfahrung erinnert, also ein „gebrochenes Herz“ fühlt, kann vermutlich bestätigen, dass dieser Schmerz sich anfühlen kann wie ein Schlag in die Magengrube.[49]

Den ersten Schritt gehen

Wir wissen heute, dass seelische wie körperliche Schmerzen gleichsam schädlich sind und eine Art Fingerabdruck im kindlichen Gehirn hinterlassen. Dieser Fingerabdruck zeichnet sich bei Schlägen oder einem Klaps auf den Po ebenso ab wie bei Ausgrenzung, Beschämung oder Zurückweisung. Der Wunsch, es bei den eigenen Kindern anders zu machen, ist ein großer Meilenstein, denn er sagt aus: Ich möchte die mir anvertrauten Kinder ohne Gewalt und Strafen begleiten. Es ist ein wichtiger Entschluss und zunächst ist nicht entscheidend, wie groß die ersten Schritte sind, sondern welche Richtung wir wählen!

Konflikte sind Wachstumsmomente

Ich erinnere mich gut an einen Freitagabend, an dem ich mich unglaublich auf unser ritualisiertes Wohnzimmerkino freute. Erschöpft und doch mit Vorfreude bereitete ich unsere Snacks vor und schaffte eine Kinoatmosphäre. Und was geschah dann?

Als wir beisammensaßen, startete die Diskussion über die Filmauswahl. Einen Wimpernaschlag später knallte eine Zimmertür, und die Stimmung war ruiniert. Was ich mir so sehr gewünscht hatte: Ruhe und Harmonie.

In mir kamen Sätze hoch wie: „Immer müsst ihr euch streiten, nie kann es mal ..." S-t-o-p-p! Im Abschnitt über die Selbstregulation habe ich bereits beschrieben, was solche Sätze mit uns und unseren Gefühlen machen. Sie sind das Salz in der Wunde oder das Öl im Feuer. Diesen Zündstoff sollten wir als solchen entlarven, um bedacht und nicht kopflos zu reagieren. Welchen Satz ich viel lieber denke? Konflikte sind der Motor der Entwicklung.

Also: Einmal tief durchatmen und dann schauen, was die Situation gerade braucht. Und auch mich selbst fragen, was ich gerade brauche. Ich brauchte keinen Konflikt, sondern R-u-h-e! Indem ich das erkannte, erfüllte ich mein seelisches Bedürfnis nach Gesehenwerden.

Durch diesen Mini-Moment der Selbsteinfühlung gelang es mir, mich dem Konflikt zuzuwenden. Um wirklich zu verstehen, ist es wichtig, genau hinzuhören und gegebenenfalls nachzufragen.

Als Erstes kam mir früher immer die Frage nach dem Warum in den Sinn: „Warum könnt ihr euch nicht einigen?“ Hinter dieser großen Frage, so schreibt der Konflikttrainer Hergen Sasse, versteckt sich oft eine Anschuldigung, und sie erfordert Selbstreflexion. In müdem Zustand an einem Freitagabend kann unsere Fähigkeit dazu stark beeinträchtigt sein. Sasse schlägt also vor, mit anderen W-Fragen zu starten.

Eine bewährte Herangehensweise ist es, die Frage „Was ist los? Was ist passiert?“ als Ausgangspunkt zu verwenden. Auch andere W-Fragen, außer dem Warum, eignen sich gut (Wie? Was? Wo? Wer? Wann?), um sich der Situation zu nähern. Hilfreich ist auch das Spiegeln, bei dem wir Gesagtes wiederholen, hinter dem wir mehr vermuten. Wenn ein Familienmitglied sagt: „Immer will sie den Film bestimmen. Das nervt!“, so können wir „Immer?“ wiederholen und dann abwarten, welche Reaktion auftaucht, und uns mit den Gefühlen, die wir wahrnehmen, verbinden: „Ich spüre richtigen Ärger. Du bist sauer, kann das sein?“

Erinnere dich außerdem daran, dass hinter jedem Vorwurf ein Bedürfnis steckt. Sich darüber zu ärgern, dass der Film nicht fair ausgesucht wird, kann bedeuten, dass bei einem Familienmitglied das Bedürfnis nach Selbstwirksamkeit, Anerkennung, Gesehenwerden, Autonomie, Partizipation oder Gerechtigkeit zum Kampf aufruft und eine Übersetzung benötigt.[50]

Ein Weg im Konflikt kann es sein, wahrhaftig hinhören, ohne dabei selbst zu interpretieren und zu lenken, um uns dann dem Bedürfnis der Kinder zu nähern.

Und erst wenn wir verstanden haben und verstanden wurden, können wir auf Lösungssuche gehen.

Am Ende der kurzen und dennoch intensiven Auseinandersetzung saßen wir alle beisammen, aßen entspannt Pizza, und ich weiß noch sehr genau, wie stolz ich darauf war, meinen eigenen Alarm rechtzeitig entschärft zu haben. Denn in solchen Situationen tut es den Kindern gut, wenn wir zuversichtlich bleiben und Sicherheit ausstrahlen. **In Konflikten kann viel Wachstum entstehen und durch die Reibung unfassbar viel Nähe erzeugt werden, sodass die zuvor erlebte Kluft durch ein Zusammenrücken ersetzt wird.** Mir hilft definitiv, dass ich meine Angst vor Streit und Differenzen abgelegt habe und in ihnen – auch wenn ich sehr harmonieliebend bin – Entwicklungspotenzial sehe. „Jede gelungene Konfliktbewältigung ist ein erfolgreicher Moment, der uns stärkt, uns zusammenbringt und unsere Kompetenzen erweitert", formuliert es Sasse.[51]

Leider gibt es nicht den goldenen Tipp, genauso wenig wie es die „Top drei Handlungsstrategien" für den Umgang mit emotional aufgeladenen Momenten mit Kindern gibt. Oft spüre ich bei meinen Workshop-Teilnehmer:innen und Leser:innen den Wunsch nach einer magischen Lösung und erlebe eine gewisse Enttäuschung, wenn ich diese nicht bieten kann.

Gleichzeitig bemerke ich jedoch fast nach jedem Seminar oder anhand der zahlreichen Rückmeldungen zu meinem Buch über Wut, dass Entwicklung stattfindet, dass Erwachsene ihre innere Haltung stärken und Veränderungen eintreten.

Neben den ohnehin schon herausfordernden Situationen, die wir mit Kindern ausloten, gibt es zusätzliches Konfliktpotenzial, wenn die Elternteile unterschiedliche Vorstellungen davon haben, wie sie „Kinder in die Welt begleiten" wollen. Nicht alle Situationen lassen sich so leicht lösen wie das Familienkino-Beispiel.

Eingangs habe ich euch davon erzählt, dass mein Mann und ich recht schnell vom Paar zur Familie wurden. Es fehlte uns an einem sicherheitsspendenden Rahmen, und zu unserer Verliebtheit kamen plötzlich so viele Themen hinzu, die uns mehrfach in einer Sackgasse feststecken ließen. Stress im Außen, finanzielle Engpässe, Entwicklungsstolpersteine, Verunsicherungen in der Mutter- oder Vaterrolle schienen manchmal ausweglos und ließen mich an mir und uns als Paar zweifeln. Ich war immer schon sehr bemüht, mit meinen Kindern in einer feinfühligen und verstehenden Haltung zu sprechen. Für sie habe ich eine Form der Großzügigkeit und des Verständnisses, die mir für Erwachsene leider mitunter fehlt.

Kinder beobachten uns in unserem Tun und achten auf unsere Zwischentöne – auch oder vielleicht besonders im Kontakt mit unserem/unserer Partner:in. So viel Liebe und Kraft ich in stürmischen Zeiten im Umgang mit den Kindern freigesetzt habe, fehlte es an dieser für den Partner. Dabei profitieren die Kinder, wenn wir als Elternteam Sicherheit spenden und eine gleichwürdige Sprache nutzen. Diese musste ich erst lernen. Und versteht mich nicht falsch: Es darf Konflikte geben und wir dürfen unterschiedlicher Meinung sein. Und doch ist für die Familie entscheidend, wie wir diese leben.

Und auch, wenn es sich bei diesem Buch nicht um einen Paarratgeber handelt, möchte ich dir ein wunderbares Tool vorstellen, falls du einmal in einer ähnlichen Situation steckst. Es ist so einfach und zugleich so wertvoll, und es beschreibt eine sehr verstehende, zugewandte und wertschätzende Haltung, die dir dabei hilft, mit dem anderen Elternteil aus einer Sackgasse wieder rauszukommen. Am Ende profitiert davon die ganze Familie!

Das Zwiegespräch

Dieses Tool stammt von dem Arzt und Psychoanalytiker Michael Lukas Moeller.[52] Es ist ein Gesprächsverfahren, das Paare darin unterstützen kann, Konflikte durch eine tiefe und berührende Ebene der Kommunikation zu bewältigen.

Mit einem besonderen Gesprächsablauf kann das Paar diese Zwiegespräche ohne weitere Unterstützung durchführen. Dies hat eine entlastende Wirkung, denn unausgesprochene und ungelöste Konflikte wirken tagtäglich als Stressor auf die Partnerschaft und dadurch auf das familiäre Miteinander.

Durch das Zwiegespräch werden Bedürfnisse sichtbar und statt auf schnelle Lösungen zu setzen, geht es bei dem Zwiegespräch um Entschleunigung. In den Gesprächsräumen der einzelnen (in unserem Fall) Elternteile wird ausgiebig zugehört. Durch das Zuhören, die Pausen und auch das Schweigen kann jede:r seine eigene Geschwindigkeit entwickeln. „Wir gewinnen durch die Schweigeräume erst die Möglichkeit, innere Vorgänge überhaupt wahrzunehmen und auszusprechen, auch solche, die wir vorher noch nie gedacht haben."[53]

Das Zwiegespräch ersetzt keine Paartherapie und benötigt Zeit. Nach meiner Erfahrung ist aber jeder Schritt und jedes Gespräch hilfreich, und es wäre schade, nicht zu beginnen, weil die Sorge vor der Regelmäßigkeit den Start behindert. Ich denke immer lieber in kleinen Schritten, und auch ein gutes Gespräch ist besser als keins.

Kurzanleitung für das Gespräch: Wichtig, dass ihr einen Termin findet, der frei von Störungen ist und möglichst regelmäßig stattfinden kann (alle 7–14 Tage).

Im Zwiegespräch hat jedes Elternteil 15 Minuten Zeit zum Sprechen, und in dieser Zeit hört das andere Elternteil zu. Es ist daher kein Dialog, sondern ein wechselseitiger Monolog. Ihr sprecht also nacheinander, und es ist nicht nötig, dass ihr euch aufeinander bezieht. Es geht vielmehr darum zu erfahren, was jeden bewegt, was ihr fühlt, euch beschäftigt, was euch zufrieden und glücklich stimmt.

Das kann ein Thema aus dem Miteinander sein, aber auch etwas völlig anderes. Es geht um eure Gefühle, Sorgen, Hoffnungen, Wünsche, Bedürfnisse. Es wird im Wechsel gesprochen, also jeweils der/die eine 15 Minuten, und dann das andere Elternteil. Nach der Runde wechselt ihr wieder vom Sprecher zum Zuhörer. Dabei ist eine wichtige Regel, dass ihr einander nicht unterbrecht oder verbal oder nonverbal kommentiert. Die vereinbarte Zeit bleibt für eine Partei vorbehalten, solltet ihr früher fertig sein, wird die verbleibende Zeit geschwiegen. Das sprechende Elternteil spricht immer nur von sich, also in Ich-Botschaften, und teilt mit, was ihn oder sie derzeit beschäftigt. Zu vermeiden ist Kritik am anderen Elternteil, so auch Aufforderungen oder Erwartungen.

Es geht darum, wertschätzend zu bleiben, und im Umkehrschluss beim Zuhören wahrhaftig hinzuhören, ohne Fragen zu stellen (es sei denn, es geht um Verständnisfragen). Als einzige Unterbrechung ist erlaubt, auf eine Regelverletzung, zum Beispiel auf Vorwürfe, aufmerksam zu machen. Die Magie der Gespräche liegt darin, dass Paare meist mehr voneinander erfahren als in gewöhnlichen Gesprächen und einander wieder tiefer verstehen.[54]

Wie so oft können uns klare Regeln und Abläufe Halt geben. Nutzt diese gerne so, wie sie sind, engen sie euch hingegen ein, so betrachtet sie nicht zu dogmatisch und wandelt sie für euch passend ab. Die Redeeinheiten können beispielswiese zu Beginn verkürzt werden.

Ziel ist, dass ihr euch wohlfühlt, einander annähert und Konflikte klären könnt. Je nachdem, welche Vorbilder man selbst hatte, braucht das Zeit und Übung. Hört mit dem Herzen hin.

WEITERGABE VON Mustern
ANSCHREIEN
HAT DOCH GAR NICHT WEHGETAN!
HAST DU DIR WEH-GETAN?
WIE DU MIR, SO ICH DIR!
"ICH WILL VERSTEHEN, WAS DU BRAUCHST!"
Mama HAT DAS AUCH SO GEMACHT
PAPA HAT IMMER
NEU
BEI Hilflosigkeit GREIFEN WIR AUF DAS ZURÜCK, WAS WIR GELERNT HABEN.
DURCH SELBSTREFLEXION KÖNNEN WIR UNSERE EIGENE GESCHICHTE VERÄNDERN, WUNDEN HEILEN UND VERHALTENSMUSTER DURCHBRECHEN.
LIEBE UND ZUWENDUNG STATT STRENGE UND HÄRTE.

3. Verhaltensmuster und wie wir sie verändern

„Das Ziel im Leben ist, all unser Lachen zu lachen und all unsere Tränen zu weinen." (Marshall B. Rosenberg)[55]

Die Geschichte in uns

Auch wenn wir uns entschieden haben, im Umgang mit unseren Kindern auf Gewalt zu verzichten, lässt sich der Schalter nicht immer schlagartig umlegen. Insbesondere in herausfordernden und stressigen Momenten greifen wir Eltern manchmal auf alte Handlungsmuster zurück und berühren alte Wunden. Die Fahrrillen sind häufig so tief, dass auf ihnen nur langsam neues Gras wächst. Es braucht – abhängig von diversen Faktoren – Zeit und Reflexion, um eigene Werte, Glaubenssätze und Verhaltensmuster zu hinterfragen. Je nachdem, wie wir in die Welt begleitet wurden, welche Ziele und welches Vorgehen unsere Bezugspersonen verfolgten, fällt uns der Zugang zu uns selbst leichter oder schwerer. Wie groß die Stolpersteine sind, die in unseren Entwicklungswegen liegen, spüren wir meist erst richtig, wenn wir mit Menschen enge Beziehungen eingehen. So auch in unseren größten und intensivsten Liebesbeziehungen – zu den uns anvertrauten Kindern. Das Leben schreibt seine Geschichte jeden Tag ein Stück weiter, und in echten Beziehungen kommen wir nicht drumherum, uns gegenseitig zu berühren. Und so sanft und schön diese Berührungen sein können, so bewegend und schmerzhaft können sie auch sein.

Ich selbst fühlte mich nach meinem Studium und der zarten Berufspraxis im Kita-Alltag der Mutterrolle gewachsen. Ich war mir sicher, das alles mit links zu schaffen. Ich habe ehrlich gesagt nie daran gezweifelt. Mit Kindern konnte ich immer gut – so dachte ich. Die Herausforderungen klopften aber auch bei mir schneller an, als ich erwartete. Neben den strukturellen Hindernissen spürte ich mich selbst ganz neu. Diese jungen Menschen, die einem so ähnlich und doch auch so anders sein können, können längst Zurückgelassenes in einem erwachen lassen.

Wir alle tragen durch die Geschichten unserer Vorfahren viele Geschichten in uns. Einige gehören zu uns und andere haben sich in uns eingeschlichen oder waren vielleicht bereits bei unserer Zeugung Teil von uns. Einige lernen wir im Laufe unseres Lebens kennen und verstehen, über andere wird nie gesprochen, und so leben sie unbemerkt in uns fort.

So auch in meiner Familie, in der nach den geschichtlichen Ereignissen des 20. Jahrhunderts Fleiß und Leistung besondere Anerkennung fanden. Es ging vorrangig darum, gute Noten zu erhalten, erfolgreich zu sein und sich immerfort anzustrengen. Pausen gab es erst nach getaner Arbeit. „Erst die Arbeit, dann das Vergnügen!“, ist ein Leitsatz, den sicher viele noch in sich tragen.

Wir Menschen sehnen uns nach positivem Feedback und Anerkennung von Menschen, die uns wichtig sind. Die Bewertung durch andere prägt unser Selbst(bild). In welchem Maß wir uns nach Anerkennung sehnen, ist individuell ausgeprägt. Erhalten wir davon weniger, als wir meinen zu brauchen, fühlen wir uns verletzt oder gekränkt. Karin Bergstermann und Anna Hofer beschreiben in ihrem Buch *Bei meinem Kind mache ich es anders,* was das für Folgen haben kann: „Wenn wir unser Glück und unser Selbstbild von der Zustimmung anderer abhängig machen, verfolgen wir nicht unbedingt die Dinge, die uns entsprechen und interessieren, sondern das, was andere für richtig halten.“[56]

In meiner Kindheit wurden Bedürfnisse wie Individualität oder Autonomie nicht ausreichend berücksichtigt. Viel wichtiger war es, dass die Kinder sich anpassten und funktionierten. Ich selbst sah mich als kleines Glied in der Kette, bemüht, nicht aufzufallen und es allen recht zu machen. Auch meine Eltern werden sich gefragt haben, welche Ziele sie ihren Kindern gern für ihr Leben mitgeben möchten und wie sie uns begleiten, damit wir uns in der Gesellschaft gut zurechtfinden.

Als Kinder schauen wir uns natürlich auch die Eigenschaften und Charakterzüge unserer Eltern und Bezugspersonen ab. Diese tiefen Prägungen und Erfahrungen unserer Vorfahren sind oft Teil von uns. Bevor ich Mutter wurde, dachte ich über all das nicht im Geringsten nach. Erst mit den Jahren beschäftige ich mich mehr mit meiner eigenen Geschichte, um Unbewusstes aufzudecken, manche Werte, Eigenschaften und Rituale gezielt weiterzugeben und manchmal die Weitergabe auch zu verändern oder gar zu brechen (siehe transgenerationale Weitergabe).

So einfach das klingen mag, wenn ich hier darüber schreibe, war es in der Praxis leider nicht. Ich möchte dir von einem kleinen, sehr persönlichen und für mich prägenden Ereignis erzählen: Mein Vater lag vor einigen Jahren im Krankenhaus. Sein kritischer Zustand ließ ihn über das Leben philosophieren, und so sagte er zu meinem Bruder: „Und sag den Kindern, sie müssen sich keine Sorgen um ihren Opa machen. Ich merke, dass das Sterben gar nicht so schlimm ist. Prüfungsangst ist viel schlimmer." Als ich diesen Satz hörte, durchfuhr es mich wie ein Blitz. Plötzlich wurde mir bewusst, dass es in seinem Leben immer wieder darum gegangen war, sich Anerkennung, Wertschätzung und Liebe über seine Leistungen zu verdienen. Er rang ein Leben lang um Akzeptanz für seine Taten, statt sich geliebt zu fühlen, einfach nur, weil er ist, wie er ist.

Da ich Anteile seiner Geschichte in mir trage, wurde mir durch diese Begebenheit bewusster denn je, wie wichtig es mir ist, dass meine eigenen Kinder ihre Stärken, Fähigkeiten und Kompetenzen erkennen und sich selbst so akzeptieren und lieben lernen, wie sie sind. Sie unterliegen in der Schule täglich Bewertungen durch Noten. Das Nachdenken über die Erfahrungen meiner eigenen Geschichte half mir, diesen Druck aus meiner Kindheit ganz bewusst *nicht* an sie weiterzugeben. Es kostete und kostet mich Anstrengungen, aber ich sehe, dass es gelingen kann, wenn wir unserer eigenen Geschichte nachspüren. Wenn mir eines meiner Kinder von seinen Arbeiten und Noten berichtet, so frage ich immer, ob es selbst damit zufrieden ist. „Noten sagen nichts darüber aus, wer du bist“, erkläre ich meinen Kindern. „Sie zeigen höchstens, wie es dir in dem Moment der Prüfung gelungen ist, das gewünschte Wissen abzurufen.“ Mein Kind soll spüren: „Du, mein Kind, bist wundervoll, und daran ändert diese Note nichts. Ich bin für dich da und unterstütze dich gern, wenn du nächstes Mal mehr üben möchtest. Lass dir aber von niemandem einreden, du kannst das nicht. Vielleicht noch nicht so gut, wie ein anderer von dir erwartet. Das ist nicht schlimm. Wir dürfen lernen, ein Leben lang!“

Passend dazu las mein Kind folgenden Satz auf einer Postkarte: **„Kinder müssen nicht erst werden, sie sind ja schon.“**[57] Dieser Leitsatz beschreibt sehr eindrucksvoll, dass nicht unsere Leistungen uns zu dem machen, was wir sind, sondern unser Wesen, unser Sein, unsere Charakterzüge und Eigenschaften. Kein Kind muss sich seine Liebe und Wertschätzung verdienen müssen. Wir sind wertvoll, wie wir sind. Du bist genug.

„Liebe mich, wie ich bin, und liebe dich, wie du bist.“[58] Vielleicht sogar an schwierigen Tagen ein Stück mehr als ohnehin schon, weil wir es dann noch mehr brauchen.

Und so darf auch in unserem Miteinander bei allen Zielen, Konflikten und Anforderungen die erste Antwort immer die Liebe sein. **Mit diesem Blick gelingt es, den Menschen hinter dem Verhalten zu sehen, statt vom**

Verhalten auf den Menschen zu schließen. Wenn wir versuchen, vom Besten auszugehen, und uns bewusst regelmäßig die „rosa Brille" aufsetzen, erzeugen wir Veränderung in uns und um uns.

Transgenerationale Weitergabe

Die Weitergabe von Mustern innerhalb von Familien, über die ich gerade gesprochen habe, wird mit dem Begriff transgenerationale Weitergabe beschrieben. Manchmal passiert das scheinbar, ohne dass wir es beeinflussen können. Aufgrund schmerzlicher Erfahrungen schwören wir uns zum Beispiel: „Ich werde nie so schreien wie mein Vater!" Oder: „Niemals werde ich meinen Partner so anmeckern, wie meine Eltern das taten!" Und gefühlt einen Wimpernschlag später sehen wir uns, wie wir der/dem Partner:in eine Szene machen oder in einem hektischen Moment laut werden. Wie kann es nur dazu kommen?

Prägende Erfahrungen wiederholen sich, schreibt die Entwicklungsneurobiologin und -psychologin Nicole Strüber. Die Muster sind so individuell wie die Auslöser, die das ungewollte Verhalten zum Vorschein bringen, es kann ein intensives Weinen oder die Frustration und Wut eines Kindes oder ein Schmatzgeräusch sein, das die eigenen Sicherungen zum Wackeln bringen. Die Weitergabe von prägenden Erfahrungen über Generationen hinweg kann durch das Verhalten der Eltern erfolgen, aber auch durch eine „epigenetische Programmierung des Stresssystems"[59]. Es ist nicht immer notwendig, dass jemand die Erfahrung selbst gemacht hat, um bestimmte Muster weiterzugeben.

Epigenetische Markierungen können über Generationen vererbt werden, ohne dass die Personen den Stress selbst erlebt haben. Darüber hinaus kann das Stresssystem eines Fötus durch traumatische Erfahrungen der Mutter beeinflusst werden, was zu einem erhöhten Cortisolspiegel führt. Was die genetische Weitergabe von Traumata angeht, steckt die Forschung noch in den Kinderschuhen. Experimente können bereits Hinweise darauf liefern, sichere Belege hingegen noch nicht.

Zusammengefasst bedeutet dies, dass Kinder von traumatisierten Eltern möglicherweise eine beeinträchtigte emotionale Kompetenz aufweisen, sei es durch direktes Erleben oder durch Vererbung. Sie neigen dazu, weniger einfühlsam, sensibel und empathisch gegenüber anderen Menschen und ihren Bedürfnissen zu sein. Außerdem können sie Schwierigkeiten haben, mit Stress umzugehen und ihre Impulse zu kontrollieren.[60]

Aber es gilt auch hier: Eigene Geschichten zu verändern und somit unseren Kindern die Möglichkeit zu geben, diese neu zu schreiben, ist meist mit viel Anstrengung verbunden. Es kostet Kraft, braucht Mut, aber es ist möglich!

Selbstreflexion: Die Reise zurück

Unzählige Bücher beschäftigen sich aktuell mit dem Thema Selbstreflexion und legen nahe, dass wir durch die innere Arbeit an und mit uns wachsen und bestenfalls Wunden heilen können, sodass wir von nun an viel weniger schimpfen und drohen. Und auch ich bin seit vielen Jahren auf meiner inneren Reise, die immer wieder Pausen braucht und der gelegentlich eine gezielte Reisebegleitung guttut, um vor Gefahren zu schützen.

Was bedeutet eigentlich Selbstreflexion und was bringt sie uns im Alltag? Das lateinische Wort „reflectere" bedeutet so viel wie zurückblicken. Es geht dabei um eine innere Rückschau auf sich und frühere Situationen. In Seminaren ermuntere ich Menschen regelmäßig dazu, wenn sie unzufrieden mit dem eigenen Handeln oder ihren Reaktionen waren, diese Momente zu reflektieren. Damit meine ich, dass wir in Ruhe versuchen, besser zu verstehen, was im trubeligen Alltag passiert ist. Im Verstehen liegt die Chance, Geschehenes für sich selbst einzuordnen, insbesondere dann, wenn wir die Bedeutung dahinter erkennen können.[61]

Es geht also darum, sich an Vergangenes zu erinnern und uns bewusst zu machen, wozu es uns diente, und auch, wovor uns unser Handeln heute noch schützt. Dann wird es möglich, in kleinen Schritten Veränderung zu vollziehen. Und gerne möchte ich erneut an diesen Satz erinnern: Es ist nicht entscheidend, wie groß die Schritte sind, die wir machen, entscheidend ist die Richtung, in die wir uns bewegen.

Wenn wir unsere Handlungen „innerlich verstehen", empfinden wir uns als selbstwirksam und nehmen das Ruder in die Hand, statt uns der Situation ausgeliefert zu fühlen und in eine beliebige Richtung zu treiben. Je nachdem, wie rau und bewegt das Wasser ist, wird es uns leichter oder schwerer fallen, mit den Unruhen umzugehen und in die angestrebte Richtung zu rudern.

Ob das Nachdenken über eine Situation genauso erfolgreich ist wie die Selbstreflexion in Form des Erzählens oder Schreibens, konnten Studien bisher nicht belegen. Wir wissen, dass das Erzählen und Schreiben das Wohlbefinden steigert und hilft, Gefühle besser zu regulieren. Der Psychologe Jan Müller weist jedoch ausdrücklich darauf hin, dass nicht jede Selbstreflexion uns Menschen guttut, denn wenn wir in einem Teufelskreis der Gedanken feststecken, können Stress und Selbstzweifel eher zunehmen, und schmerzhafte und unangenehme Überzeugungen können sich verfestigen. „Menschen, die in einer Gedankenspirale gefangen sind, fühlen sich oft als Spielball der Ereignisse. Sie haben das Gefühl, nichts unter Kontrolle zu haben."[62]

Meine Botschaft für dich

Möchtest du einem Thema nachgehen, frage dich, wie es dir aktuell geht. Achte bitte darauf, dass dir momentan der Raum und die Kraft für den Weg nach innen wirklich zur Verfügung steht.

Stehst du gerade vor einem Umbruch oder einer Veränderung, sei behutsam mit dir. Wenn gerade nichts Großes anliegt, kannst du dir vornehmen, auf eine Art innere Reise zu gehen und zum Beispiel für einen Zeitraum von fünfzehn Minuten täglich über ein Thema, das dich beschäftigt, zu schreiben oder mit einer vertrauten Person zu sprechen. Eine Person hinzuzuziehen, kann immer dann sinnvoll sein, wenn diese dir ein Gefühl der Sicherheit und Bestärkung vermittelt und dich davor schützt, in deinem Gedankenkarussell festzustecken. Eine therapeutische Begleitung kann weitere Perspektiven und Blickwinkel eröffnen. Wenn eine alleinerziehende Mutter sich beispielsweise in ihrem Alltag sehr überfordert fühlt, wird diese davon profitieren, dass neben den persönlichen Aspekten auch der gesellschaftliche Druck im Gespräch Raum findet. Statt sich mit anderen Müttern auf Social Media zu vergleichen, kann im Gespräch aufgedeckt werden, wie ungerecht diese Vergleiche häufig ausfallen und wie sie die Selbstzweifel vermutlich eher verstärken. So kann die Mutter in diesem Beispiel ihre eigene Situation besser verstehen und das belastende Schuldgefühl neu einordnen. Die Überforderung ist damit nicht weggeblasen, die Situation und auch ihr Handeln werden vermutlich aber verständlicher und „sie fühlt sich mit ihren Problemen weniger allein"[63]. Eine professionelle Begleitung kann auch erkennen, wenn Themen eine gezielte Unterstützung erfordern, und sie kann dein Ruderboot auf hoher See in den sicheren Hafen zurückführen. Allein ist es uns manchmal nicht möglich, Grenzen zu spüren und uns rechtzeitig zu schützen. Daher bitte ich dich um Achtsamkeit an dieser

Stelle. Denn du weißt ja, nur wenn es dir gut geht, kannst du dich gut um andere sorgen. Du darfst deine Reise also lieber bedacht und langsam antreten und dir auch regelmäßig Pausen gönnen.

Inventur in unserem Werkzeugkoffer

Ein schönes Bild für die Muster, aber auch die Hilfsmittel im Umgang mit unseren Kindern ist das des Werkzeugkoffers. Die Werkzeuge aus unserem Koffer können uns befähigen, entsprechend unserer Werte zu leben, sie können aber auch dafür sorgen, dass wir alte Muster weitergeben. Es gibt Werkzeuge, die es zu polieren oder auszuwechseln gilt, weil sie uns schlichtweg nicht guttun, etwa Strafen, störende Glaubenssätze oder unliebsame Gewohnheiten. Andere Werkzeuge wie Achtsamkeits- und Selbstregulationsstrategien, Kenntnisse über die kindliche Entwicklung, eine achtsame Wahrnehmung, Affirmationen, Handlungsstrategien in Konfliktsituationen können uns sehr unterstützend zur Seite stehen. Einige dieser Werkzeuge tragen wir schon unser ganzes Leben bei uns und nutzen sie, ohne sie infrage zu stellen. Andere kommen mit der Zeit neu hinzu. Begegnen wir einer Situation, greifen wir meist reflexartig in den Koffer. Umso besser ist es, wenn wir unser Werkzeug von Zeit zu Zeit prüfen und entscheiden, was uns und anderen guttut und was eher nicht. Vielleicht hast du dir darüber noch nie Gedanken gemacht, kennst aber den Moment, in dem etwas laut und klar in dir ruft, dass du etwas anders haben möchtest, als es ist. Dass du dir zum Beispiel ein liebevolles Miteinander wünschst statt Kampf und Widerstand. Im ersten Moment mag noch nicht klar sein, wie es anders gehen kann. Der entscheidende Schritt ist die Erkenntnis, dass es anders sein soll. Und plötzlich betrachten und bewerten wir unsere Werkzeuge ganz neu: Welches ist uns dienlich? Welches müsste mal wieder gefeilt, entrostet, lackiert oder gar ersetzt werden? Die Inventur des Kofferns ist eine Investition, die sich unbedingt lohnt!

Die Macht unserer Worte

> *„Die Art, wie wir mit unseren Kindern sprechen, wird zu ihrer inneren Stimme.“* (Peggy O'Mara)

Der Rückgriff auf alte Muster macht sich besonders in unserer Sprache bemerkbar. Sie transportiert viele Erfahrungen aus unserer eigenen Kindheit, und wenn wir diese Revue passieren lassen, kann das irritierend und auch schmerzvoll sein. Ich finde es wichtig, sich all dem zuzuwenden und auch auf die eigenen Fehler zu schauen, die wir bei der Begleitung unserer Kinder bisher gemacht haben. Nicht aber, um uns schlecht zu fühlen, sondern vielmehr, um zu verstehen und Situationen zukünftig anders zu begegnen.

Viele von uns haben in der Kindheit die Erfahrung gemacht, dass Schmerzen, insbesondere solche, die seelisches Leid hervorrufen, mit einem „Sei nicht traurig!“ oder „Ist doch nicht schlimm!“ abgetan wurden. Diese äußeren Stimmen, die wir einst hörten, wurden bei manchen von uns zu inneren.

Und vielleicht kennst du das von dir selbst auch: Ein Kind fällt hin, und während wir ihm beim Aufstehen die Hand reichen, rutscht uns ein „Hat doch nicht wehgetan!" über die Lippen. Während das Kind vermutlich Schmerz am Knie empfindet, hört es diesen Satz. Wie verunsichernd diese gefühlsabsprechende Sprache für ein Kind sein muss, oder? Ähnlich verhalten wir uns manchmal beim Arztbesuch, bevor es eine Impfung gibt: „Du brauchst keine Angst zu haben, das tut nicht weh!" Und dann erzeugt diese Spritze eben doch Schmerz und noch größere Verunsicherung, die durch einen Aufkleber oder einen tröstenden Bonbon im Nachhinein gemindert werden soll.

Mit meinem heutigen Wissen begleite ich mein Kind zum Arzt anders und erläutere vorab, was es dort erleben wird. Steht eine Impfung auf dem Programm, sprechen wir die Situation in Ruhe und dem Charakter und Entwicklungsstand des Kindes angemessen durch. Eine Spritze muss nicht wehtun, aber häufig tut sie das. Dieser Schmerz ist in der Regel ungewohnt und unangenehm. In dem Moment bin ich da, vermittle Sicherheit und Zuversicht und tröste, trockne Tränen und halte das Gefühl. Ob die Situation und das Gefühl als schmerzhaft oder schlimm empfunden werden, entscheide nicht ich, sondern das Kind. Natürlich freue ich mich, wenn es eine bestärkende Erfahrung sammeln kann und selbst zu der Erkenntnis kommt: „Hat gar nicht wehgetan!", aber die Vermeidung ist dabei nicht das Ziel. Vielmehr sollten wir Kinder unterstützen, schwierige Lebenssituationen zu bewältigen und sich von Rückschlägen zu erholen, um gestärkt aus diesen Situationen hervorzugehen. Hierbei sprechen wir von *Resilienz*, die gern missverstanden wird. Denn wir brauchen niemanden, der uns einen großen Regenschirm aufspannt, um uns von allen Schwierigkeiten abzuschirmen oder diese gar zu negieren. Was Resilienz stattdessen bedeutet, beschreibt die Kindheitspädagogin und Resilienz-Trainerin Leandra Vogt folgendermaßen: „Resilient zu leben bedeutet nicht, sich von Belastendem abzuschirmen und die Trauer, die Wut oder den Hass von uns zu schieben. Viel eher bedeutet Resilienz, die innere Kraft in sich zu kultivieren, die uns durch den stärksten Sturm trägt, und uns dabei hilft, auch diese tiefen und starken Gefühle und Erfahrungen zu umarmen. Mit der Resilienz, die wir in uns tragen, gehen wir bewusst durch den Regen hindurch oder kommen auf die hilfreiche Idee, uns einen Unterschlupf zu suchen. Wir haben stets einen Föhn in der Tasche oder wissen, wo wir uns einen solchen besorgen können."[64] Und das Gute ist: Wir alle können ein Leben lang unsere Resilienz trainieren, dafür ist es nie zu spät!

Die Stimmen verändern

Die Sätze und verschiedenen Stimmen, die wir in uns tragen, sind mal leise, mal laut, mal bestärkend, mal schmerzvoll. Wie oft schenken wir ihnen, ohne über sie nachzudenken, Glauben! Diese Überzeugungen aus unserer Kindheit können in verschiedenen Momenten auftauchen und zum Beispiel sagen: „Hättest du dich mehr angestrengt, wärst du besser gewesen!" Oder: „Du kannst das eh nicht!“ Oder: „Wenn du dich so verhältst, habe ich dich nicht lieb!“

Lassen wir solche Sätze in Augenblicken der Gelassenheit auf uns wirken, etwa während du dieses Buch in den Händen hältst, besteht keine Notwendigkeit, sie zu denken oder auszusprechen. Doch sobald Aufregung Einzug hält, öffnet sich das Tor, und wir neigen dazu, auf unsere inneren Dialoge zurückzugreifen. Unser Wissen macht den entscheidenden Unterschied, es hilft uns, Muster und Prägungen nicht ungefiltert weiterzugeben.

Ich vergleiche das gern mit dem Erlernen einer Fremdsprache. Um diese im Alltag anwenden zu können, lerne und übe ich sie erst einmal allein oder in der Sprachschule. Meist habe ich dort Ruhe und kann üben, das Gelernte in „echten“ Situationen zu nutzen. Manchmal fehlen einem dann aber einfach die Worte oder sie kommen anders raus als gewollt. Unsere innere Aufregung und Anspannung sind dafür mitverantwortlich. Ich befinde mich nun seit vielen Jahren im engen Kontakt mit der spanischen Sprache und lege mir beispielsweise vor Arztterminen im Ausland immer wieder Sätze im Kopf zurecht, um mich auf die verunsichernde Situation vorzubereiten. Bereits verfestigte Grammatikfehler scheinen mir dann jedoch wie in Stein gemeißelt.

Das bedeutet, wir dürfen in uns auftauchende Sätze genau betrachten und uns fragen, ob wir sie weiterreichen, überdenken oder löschen möchten. Wenn wir sie weitergeben, können sie auch zur inneren Stimme unserer Kinder werden. Was wir dagegen noch tun können, erfährst du später etwas genauer.

Muster wiederholen sich

In der Elternbefragung habe ich mich dafür interessiert, ob die Teilnehmer:innen Verhaltensmuster der eigenen Eltern wiederholen, die sie eigentlich nie wiederholen wollten. Sieben Prozent von ihnen gaben an, dass ihnen das oft passiert, fünfzig Prozent passiert es manchmal, vierunddreißig Prozent passiert es selten und fünf Prozent nie (knapp vier Prozent wussten nicht darauf zu antworten). In der darauffolgenden Frage forderte ich die 406 Teilnehmenden auf, mir mitzuteilen, in welche Verhaltensmuster sie manchmal tappen. Das war das Ergebnis:

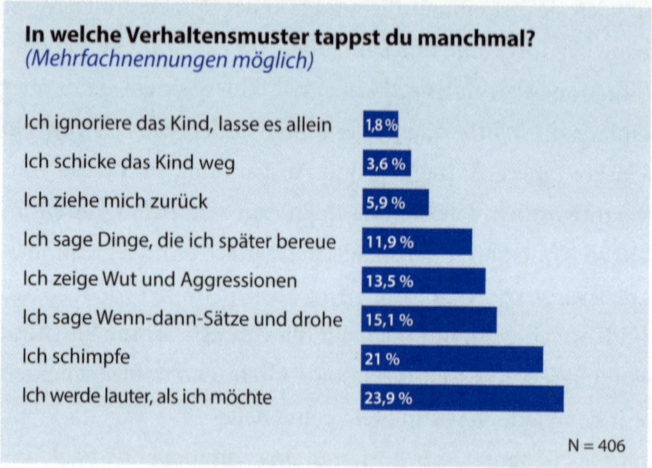

Daneben gab es noch einige freie Nennungen, über die ich unfassbar dankbar bin, denn sie zeigen, dass Eltern mit ihren Fehlern nicht allein sind. Und insbesondere, wenn wir diese überdenken und entschlüsseln, liegt in ihnen ein unglaublicher Schatz. Eine Mutter schrieb mir zum Beispiel: *„An der Wut meines älteren Sohnes merke ich, dass ich meine Wut auch nicht steuern kann. Wenn er zum Beispiel am Morgen ‚trödelt', wir aber losmüssen, dann werde ich ungerecht, obwohl ich weiß, dass es meine Verantwortung ist, rechtzeitig aufzustehen. Dann bin ich den Jungs gegenüber unfair und ich fühle mich schlecht."* Ein anderes Elternteil berichtete: *„Früher war ich sehr gewaltig, laut, wütend, hab viel geschimpft, das Kind war schuld. Das passiert immer seltener, weil ich viel innere Arbeit mache."* Aus vielen Berichten war zu erkennen, wie reflektiert Eltern ihre eigenen Handlungen wahrnehmen, manche formulierten auch starke Selbstkritik, etwa dass sie sich über sich selbst ärgern, da sie den eigenen Ansprüchen und Erziehungsvorstellungen nicht genügen. Auch hier kann es sein, dass sich ein Muster fortsetzt. Denn wurde von einem Kind erwartet, dass es den Anforderungen der Gesellschaft oder der Eltern entspricht, kann es sein, dass dieses „perfekte Kind" nun auch als „perfektes Elternteil" bestimmte Erwartungen erfüllen möchte. Und perfekte Eltern erwarten unter Umständen wieder perfekte Kinder, obwohl wir vom Verstand her wissen, dass dies nicht möglich und schon gar nicht gesund ist.

Perfektion behindert

„Wenn das Leben dir Zitronen gibt, mach Limonade draus!“

An jedem Tag gibt es Momente, die uns missglücken, uns traurig werden lassen oder uns belasten. Vielleicht bedauerst du am Ende einige der oben aufgezählten Verhaltensmuster. Sie wiegen häufig so schwer, und unser kritischer Blick lässt sie so kraftvoll erscheinen. Als würden wir jeden einzelnen dieser Momente wie den Tropfen einer Zitrone auf unserer Zunge spüren.

Daneben steht ein großes Glas Wasser. Dieses steht für die unzähligen Momente eines Tages, in denen wir Kindertränen trocknen, Schuhe binden, Brote schmieren, eine Geschichte vorlesen, bei den Hausaufgaben helfen, zuhören und das uns anvertraute Kind liebevoll in den Arm nehmen. Diese Momente überwiegen in der Regel, oder? Was, wenn wir diese sauren Tropfen der Zitrone dem Wasser hinzufügen? Kurz verrührt und über den Tag verteilt, gehen sie in der Masse unter. Sie werden milder, und insbesondere, wenn wir die Verantwortung für das eigene Verhalten tragen, die eigenen Fehler bedauern und bereit sind, aus ihnen zu lernen, erleben Kinder Erwachsene, die echt und nahbar sind. Sie geben dem zarten Zitronenwasser eine Süße und lassen diese zu köstlicher Limonade werden. „Wenn wir unsere unvermeidlichen Schwächen respektieren und den Fehlern, die wir als Eltern machen, mit Liebeswürdigkeit, Akzeptanz und Verständnis begegnen können, verändert sich etwas. Für uns und auch unsere Kinder entstehen neue Möglichkeiten und freudige Überraschungen", schreiben Hoffmann et. al.[65]

Entscheidend ist oft nicht, was wir tun, sondern vielmehr, wie wir es tun. Ich bin überzeugt, dass Kinder unsere innere Haltung und Absicht spüren können und mit uns viel fehlerfreundlicher sind, als wir es selbst oft sind. Kinder sind wie kleine Seismografen, sie nehmen die Gefühle und Belange der Menschen um sie herum sehr feinfühlig wahr.

Meine Botschaft für dich

Fehler passieren jeden Tag, und es ist eine zu große Vision, wenn wir unseren Kindern keine unserer Schwächen und Muster mit auf den Weg geben wollen. Wir alle tragen einen Rucksack, gefüllt mit Edel- und Wackersteinen, die für stärkende und schwächende Erinnerungen stehen. Statt darauf zu hoffen, dass unsere Kinder nur glitzere Edelsteine mit sich tragen, können wir versuchen, ihnen vorzuleben, wie sie die Wackersteine so tragen können, dass sie ihnen möglichst wenig ihrer Kräfte und Ressourcen rauben.

Das große Geschenk, das wir durch unsere Fehlerfreundlichkeit und unser Wachstum bereits wenige Jahre später erhalten, ist in vielen Haushalten sichtbar.

Auch die Kinder pflegen ein freundliches Miteinander und sind nachgiebig gegenüber unseren Fehlern.

Eine Mutter beschrieb dies in der Umfrage folgendermaßen: *„Ich bin mal gestresst von der Arbeit gekommen und habe über herumliegende Schuhe, Büchertasche usw. geschimpft. Mein Sohn sagte: ‚Hey Mama, was ist denn eigentlich los?' Das hat mich nachdenklich gemacht. Er wusste sofort, dass meine schlechte Laune nichts mit ihm zu tun hatte."*

Es sollte also nicht unser Ziel sein, dass es in unserer Familie immer harmonisch und fehlerfrei abläuft.

Und schon gar nicht solltest du glauben, dass du nie wieder etwas tust, das deinem Kind laut den Ratgebern nicht guttut.

Keine Familie ist perfekt und in jeder Familie gibt es Herausforderungen, Streit und unangenehme Gefühle. Und das ist gut so!

Du wirst auch nach dem Lesen dieses Buches noch Muster wiederholen und Fehler machen. Und ich auch!

Wenn wir Eltern werden, dann öffnen wir ein ganz neues Kapitel unserer Entwicklungsreise und dürfen jeden Tag wachsen.

Aus meiner Sicht ist es wichtig, dass wir uns mit der Eltern-Kind-Beziehung auseinandersetzen und die Werte, die uns in dieser wichtig sind, wie funkelnde Leuchtsterne im Auge behalten.

Ein Wert sollte dabei nicht verhandelbar sein: die Gewaltfreiheit. Als Grundsatz und als unser Bestreben, Konflikte auf friedliche Art zu lösen, wodurch wir weitere Werte fördern wie Verbundenheit, Sicherheit, Harmonie und Gerechtigkeit.

EINE veränderte UMGEBUNG BENÖTIGT EINE NEUE Werteorientierung.

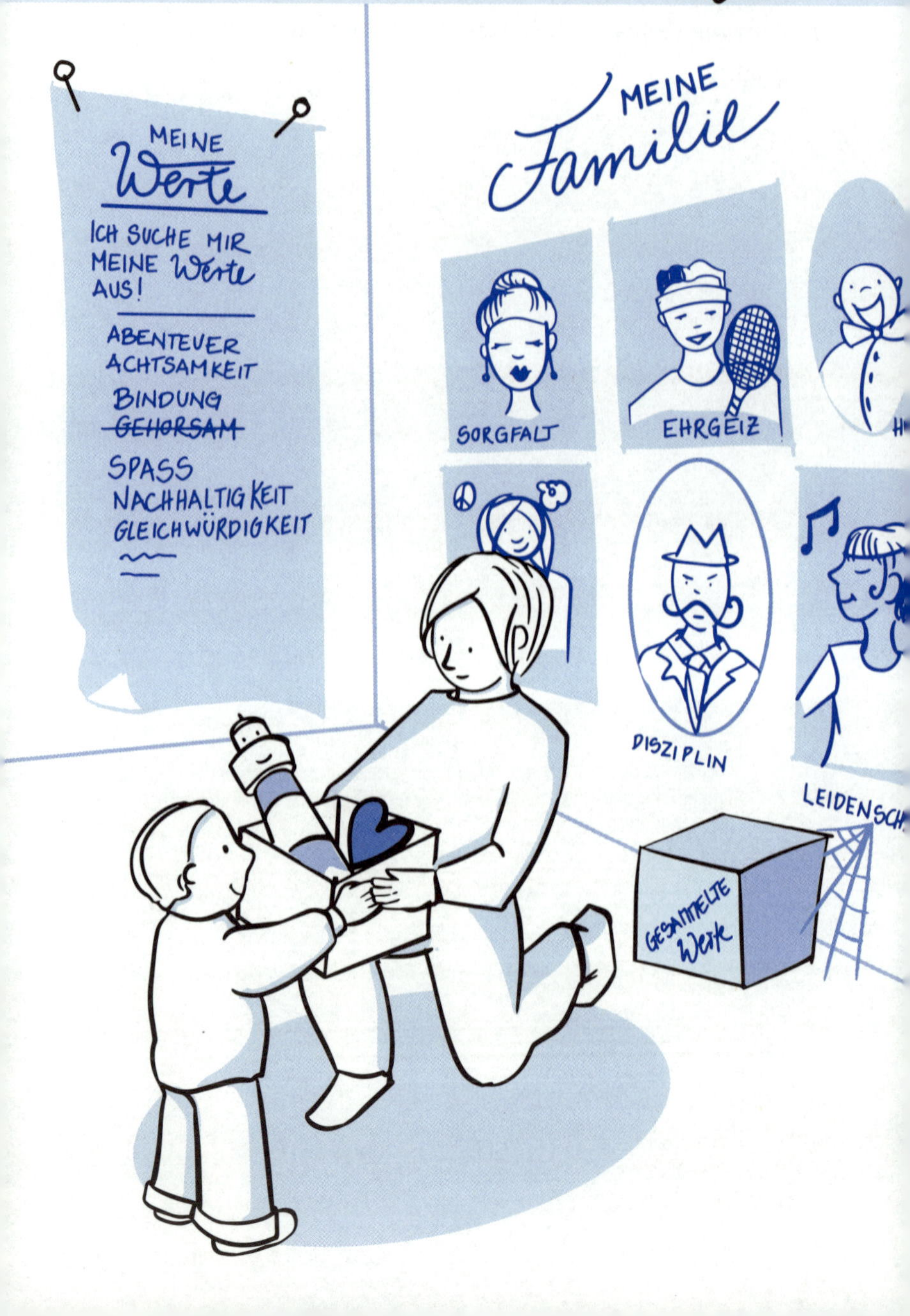

4. Kinder heute in die Welt begleiten

Werte als Basis

Wir sind alle maßgeblich von unserer eigenen Geschichte und unserer Sozialisation geprägt und wir haben uns innere Bilder geformt, wie wir als Elternteil sein möchten und wie Kinder zu sein haben. In der Regel begleiten wir unsere Kinder beim Aufwachsen, indem wir sehr klare Ziele vor Augen haben. Werte sind uns dabei richtungsweisend, und gleichzeitig kann der Weg, sich seiner eigenen Wertvorstellungen bewusst zu werden, verunsichernd sein. Insbesondere dann, wenn die Wertvorstellungen der Ursprungsfamilie, also das, was als moralisch und gesellschaftlich „richtig" angesehen wurde, von den eigenen aktuellen Vorstellungen abweichen. Jesper Juul beschreibt unsere heutige Situation im Buch *Leitwölfe sein* als herausfordernd, da im Gegensatz zu vorigen Generationen Werte heute nicht mehr überwiegend deckungsgleich sind. Früher war klar, was „man" machte und was nicht. Und diese Überzeugungen galten im familiären wie im außerfamiliären Kontext. Juul schreibt weiter: „Heute gibt es kein ‚man' mehr. Darüber können wir natürlich trauern und sagen, dass wir etwas ganz Wichtiges verloren haben. Doch ich denke, dass einige der Wertvorstellungen, die wir und unsere Vorfahren damals hatten, nicht besonders konstruktiv waren. Als Paare, Partner oder Eltern haben wir heute andere Ziele."[66] Hinzu kommt, dass wir in unserer vielfältigen und pluralen Welt nahezu täglich auf unterschiedliche Kulturen, Religionen, Beziehungsformen und Besonderheiten treffen. Es ist nicht mehr möglich, Wertvorstellungen als allgemein verbindlich anzusehen. Dies unterstreicht die Notwendigkeit, sich selbst kritisch zu hinterfragen und Klarheit über die eigenen Werte, also das, was uns wirklich wichtig ist, zu gewinnen. Wir müssen mutiger werden, uns in unserer Rolle als Elternteil zu positionieren und uns entsprechend unserer Werte auszurichten, um in der Strömung des Lebens und dem Sog der vielen Reize und Gefahren im Leben der Kinder Stellung zu beziehen!

Reflexion: Mein Wertekompass

- Welche Werte prägten meine Kindheit?
- Welche dieser Werte möchte ich meinen Kindern mitgeben? Und welche sollen es nicht sein?
- Welche Werte sind mir heute besonders wichtig?
- Welche Werte empfindet mein/meine Partner:in als wichtig?

- Welche Werte unterstützen meine Kinder dabei, sich in der schnelllebigen Welt gut zurechtzufinden?

Nimm dir einen Moment Zeit und markiere dir sechs bis acht Werte aus der folgenden Liste. Gehe sie dann noch einmal durch und wäge ab, welchen vier Werten du in den nächsten Wochen und Monaten besonders Beachtung schenken möchtest.

Unsere Werte

- ❑ Abenteuer
- ❑ Achtsamkeit
- ❑ Autonomie
- ❑ Anerkennung
- ❑ Anpassungsfähigkeit
- ❑ Aufrichtigkeit
- ❑ Bescheidenheit
- ❑ Besonnenheit
- ❑ Bindung
- ❑ Dankbarkeit
- ❑ Disziplin
- ❑ Ehrlichkeit
- ❑ Eigenständigkeit
- ❑ Einfühlungsvermögen
- ❑ Erfahrung
- ❑ Erfolg
- ❑ Fairness
- ❑ Fantasie
- ❑ Fleiß
- ❑ Flexibilität
- ❑ Freiheit
- ❑ Freundlichkeit
- ❑ Frieden
- ❑ Gehorsam
- ❑ Gelassenheit
- ❑ Genauigkeit
- ❑ Gerechtigkeit
- ❑ Gleichwürdigkeit
- ❑ Großzügigkeit
- ❑ Harmonie
- ❑ Hilfsbereitschaft
- ❑ Höflichkeit
- ❑ Humor
- ❑ Integrität
- ❑ Kompromissbereitschaft
- ❑ Konzentration
- ❑ Kreativität
- ❑ Leidenschaft
- ❑ Leistung
- ❑ Lernen

- ❑ Liebe
- ❑ Loyalität
- ❑ Macht
- ❑ Menschlichkeit
- ❑ Mitgefühl
- ❑ Mut
- ❑ Nachhaltigkeit
- ❑ Nähe
- ❑ Neugier
- ❑ Offenheit
- ❑ Optimismus
- ❑ Ordnungssinn
- ❑ Perfektion
- ❑ Präsenz
- ❑ Pünktlichkeit
- ❑ Respekt
- ❑ Ruhe
- ❑ Selbstständigkeit
- ❑ Sicherheit
- ❑ Sorgfalt
- ❑ Sparsamkeit
- ❑ Spaß
- ❑ Spontaneität
- ❑ Stabilität
- ❑ Struktur
- ❑ Tapferkeit
- ❑ Teamgeist
- ❑ Tradition
- ❑ Treue
- ❑ Unabhängigkeit
- ❑ Unterstützung
- ❑ Unvoreingenommenheit
- ❑ Verbindung
- ❑ Verlässlichkeit
- ❑ Vernunft
- ❑ Verständnis
- ❑ Vertrauen
- ❑ Vielfalt
- ❑ Wachstum
- ❑ Wertschätzung
- ❑ Widerstandsfähigkeit
- ❑ Wissen
- ❑ Zufriedenheit
- ❑ Zugehörigkeit und Zuverlässigkeit.[67]

Da sich die Welt in einem ständigen Wandel befindet, verändern sich die Anforderungen an den Menschen immer wieder gravierend. Es ist davon auszugehen, dass es den Kindern von heute im Erwachsenenalter ähnlich gehen wird wie uns jetzt. Auch sie werden sich fragen: Was habe ich mitbekommen und was möchte ich gerne weitergeben? Deshalb bedeutet der Blick zurück und eine neue Ausrichtung an neuen Leitsternen nicht, dass die eigenen Eltern es mit uns falsch gemacht haben – es war anders.

„Ändert sich unsere Umgebung, verändern sich die Individuen darin; sie passen ihr Verhalten an die neuen Herausforderungen an, so gut es geht", formuliert die Pädagogin Susanne Mierau. Dabei, so schreibt sie, geht es vorrangig um die „Anpassung unseres Lebens und Alltags an die globale Erwärmung, wobei aktuell der Schwerpunkt der Klimaanpassung noch auf Wirtschaft und Infrastruktur liegt und weniger die Art unseres Zusammenlebens in den Blick genommen und der Frage nachgegangen wird, wie sich auch das Familienleben ändern wird, weil sich unsere Umwelt mehr und mehr verändert"[68]. So konfrontiert uns die derzeitige Begleitung von Kindern mit der unumgänglichen Aufgabe, sie auf diese schnelle, raue und mit Krisen konfrontierte Welt vorzubereiten. Statt sie an Belastungen anzupassen oder sie für diese Krisen abzuhärten oder gänzlich vor diesen abzuschirmen, brauchen sie Leuchttürme oder auch Leitwölfe, wie Juul schreibt, die ihnen zeigen, wie sie bestmöglich mit den Stürmen des Lebens umgehen können. Diese neuen Anforderungen an Eltern, die in Zeiten des Umbruchs selbst um Sicherheit und Orientierung ringen, sind immens. Sie sollen den Kindern den Weg weisen, dabei auf seelische und körperliche Gewalt verzichten und können – mit Blick in den eigenen Handwerkskoffer – häufig gar nicht auf sichere Werkzeuge zurückgreifen. Eine abenteuerliche Reise für uns alle, auf der wir jeden Tag lernen dürfen.

Autorität neu denken: Erziehungsstile im Vergleich

Je nachdem, was sich Eltern für ihre Kinder wünschen und welche Ziele sie verfolgen, richten sie danach ihre Form der Begleitung und Führung aus. Im Folgenden möchte ich dir einige Erziehungsstile skizzieren und dich an dem veränderten Autoritätsbegriffs teilhaben lassen. Selbst beim Schreiben spüre ich, wie ich über die Begriffe „Erziehung" und „Autorität" stolpere. Durch Worte werden in uns Assoziationen, Gefühle und Erinnerungen aufgerufen. Diese prägen uns und unsere Haltung.

Beim Begriff Autorität tauchen in mir starre, willkürliche, mit Druck und Schmerz durchgeführte Methoden auf. Ich denke an Menschen, die ihre Macht missbrauchen und dazu einsetzen, das kindliche Verhalten ohne Rücksicht auf Verluste zu formen und Kinder dabei zu brechen. Vielleicht sind für dich hingegen Autoritäten positive Vorbilder? Spüre also gern nach, was die Begriffe bei und in dir auslösen.

Im nächsten Schritt möchte ich diese Bilder in ihrer starren Form abschütteln und neu denken. Die Rollen von Eltern und auch Pädagog:innen im weitesten Sinne haben sich verändert. Die Erwartungen sind umfangreicher und gleichzeitig auch „undefinierter", so schreibt der Psychologe Haim Omer.[69]

Wir Erwachsene haben Macht, und es ist an der Zeit, dass wir mit dieser Macht verantwortungsvoll und bedacht umgehen, sie ge- statt missbrauchen. Ohne Führung und Grenzen geht es nicht, das hat bereits Astrid Lindgren im folgenden Zitat so treffend beschrieben: „Diejenigen, die ihre Kinder immer nur tun lassen, was sie wollen, haben den Freiheitsbegriff völlig missverstanden. Es ist geradezu feige, seinen Kindern zu sagen: Macht was ihr wollt.“[70] Dies würde in den Bereich der *Laisser-faire*-Erziehung fallen, in der Kinder sich selbst überlassen werden. Im Folgenden schauen wir uns die verschiedenen möglichen Stile der Begleitung von Kindern genauer an.

Die amerikanische Entwicklungspsychologin Diana Baumrind hat die verschiedenen familiären Erziehungsstile in autoritär, autoritativ und permissiv unterteilt, wobei sie zwischen forderndem und reagierendem Verhalten der Eltern unterscheidet.[71] Beim *autoritären Stil* ist die Haltung gegenüber dem Kind eher streng und auf Kontrolle ausgerichtet, wodurch die Autonomie des Kindes eingeschränkt wird. Belohnungen und Strafen werden eingesetzt, um Gehorsam zu erzwingen. Der Einsatz von Strafen kann die Beziehung langfristig schädigen und eine Spirale der Gegengewalt in Gang setzen. Die Entwicklung von Empathie und kooperativer Konfliktlösung wird beeinträchtigt.[72] Kinder werden „gebrochen“, um sie wie ein Puzzleteil in die Anforderungen der Umwelt einzufügen.

Der Begriff „Autorität“ leitet sich vom lateinischen Wort „auctoritas“ ab und bezieht sich auf eine übergeordnete soziale Position einer Person, die in der Lage ist, Einfluss auf andere auszuüben. Die Herleitung des Wortes zeigt deutlich, dass eine Autorität ihre Macht nicht wie im autoritären Erziehungsstil nutzt, um eigene Ziele zu erreichen. Jesper Juul und Haim Omer nutzen die Beschreibung der *persön-*

lichen beziehungsweise *neuen Autorität*, um einen veränderten Blick auf die Begleitung von Kindern zu beschreiben.[73] Gemeint ist eine verlässliche, klare und mutige Begleitung durch Eltern, die Merkmale der alten Autorität wie Distanz, Kontrolle, Gehorsam, Hierarchie, Kritikimmunität und Bestrafung durch neue Anker ersetzt. In der neuen Autorität wird auf Präsenz, Selbstkontrolle, Beharrlichkeit und Vernetzung gesetzt. Haim Omer beschreibt, wie schwierig es für Eltern geworden ist, angesichts der gestiegenen Erwartungen an Elternschaft bei gleichzeitig schwindenden Handlungsoptionen zurechtzukommen. „Manche Dinge, die sie einst tun konnten, um auf das Kind einzuwirken, sind heute verpönt, wenn nicht sogar gesetzeswidrig."[74] Und auch wenn – wie bereits mehrfach betont – strafendes und verletzendes Vorgehen schädlich ist, empfinde ich es dennoch als notwendig, die derzeit spürbare Verunsicherung anzuerkennen und ernst zu nehmen. Es geht dabei nicht nur um das Gefühl der „Handlungslosigkeit", sondern auch um den kritischen Blick anderer, um Verunsicherung und den großen Wunsch, es gleichzeitig besser zu machen. Dabei geht es Eltern ähnlich wie Kindern: Sie sind vielen Reizen ausgesetzt und stehen einer riesigen Angebotsvielfalt gegenüber. Vergleichen wir diese Realität mit der früherer Zeiten, erscheint sie geradezu surreal. Es braucht also mehr denn je mutige Erwachsene, die sich in die Strömung begeben und Präsenz leben. Damit zeigen wir, dass wir da sind und auch dableiben![75] Egal, wie herausfordernd es ist.

Neben dem autoritären Stil beschreibt Diana Baumrind noch den *autoritativen Stil*. Hier wird eine Balance zwischen forderndem und reagierendem Verhalten angestrebt. Die Eltern verbinden fürsorgliche Wärme mit klaren Vorgaben und ausgehandelten Regeln. Sie erkennen die Autonomiebestrebungen der Kinder an, fördern Disziplin und Selbstständigkeit und sehen ihre Kinder als individuelle Persönlichkeiten. Im Unterschied dazu zeichnet sich der *permissive Stil* durch ein hohes Maß an Responsivität der Eltern aus, was so viel bedeutet wie das Eingehen auf die kindlichen Signale bei gleichzeitig geringen Anforderungen an das Kind. Diese Eltern üben weder Kontrolle noch Macht aus, verzichten auf Strafen und Regeln und bieten den Kindern viel Raum zur Selbstregulation.[76]

Der Facharzt und Kinderpsychotherapeut Rüdiger Posth hingegen betont, wie wichtig es für Kinder sei, ihnen im Sinne der Selbstentfaltung ein „gemeinschaftskonformes Regelwerk" bereitzustellen sowie das „stille Vorbild der Erwachsenen, mit denen sich das Kind identifizieren kann"[77]. In seinem Buch *Gewaltfrei durch Erziehung* nennt er diese Form der Begleitung das Konzept der *bindungsbasierten frühkindlichen Erziehung*. Hierbei liegt der Fokus auf der Bindungsebene, und die Führung zielt auf langfristige Verhaltensziele ab, im Gegensatz zur klassischen pädagogischen Erziehung, die eher belehrend geprägt ist und auf kurzfristige Verhaltensänderungen abzielt.

Die *bedürfnisorientierte Begleitung* lässt sich vermutlich am ehesten mit dem autoritativen und bindungsbasierten Stil beschreiben. Ihre Grundgedanken habe ich dir schon am Anfang dieses Buches beschrieben. Der bedürfnisorientierte Ansatz verknüpft viele Einflüsse und Erkenntnisse aus der Bindungsforschung, der Achtsamkeitslehre, der Resilienzforschung, der Neurowissenschaft, der Kommunikation nach Friedemann Schulz von Thun und Marshall Rosenberg und beispielsweise den Kinderrechten. Lange Zeit hielt sich der Mythos, dass bei diesem Ansatz allein die Bedürfnisse der Kinder Erfüllung finden sollen, was zur Folge haben kann, dass die fürsorgenden Bindungspersonen ausbrennen, weil sie sich permanent zurücknehmen. Hier lag ein Missverständnis vor: Es ist wichtig, Kinder feinfühlig, tröstend und sicherheitsspendend zur Seite zu stehen, aber nicht immer und allein. Auch Eltern sollten – wie in den vorigen Kapiteln bereits gezeigt – feinfühlig mit sich sein und nicht erst um Hilfe rufen, wenn die Luft schon viel zu dünn ist.

Den eigenen Stil finden

Hast du dich einmal bewusst gefragt, welche Form der Begleitung du im Umgang mit deinem Kind leben möchtest? Folgende Überlegungen können dich dabei begleiten.

Reflexion: Unser Zusammenleben als Familie

Du kannst dich bewusst fragen:

- Welche langfristigen Ziele habe ich für die Entwicklung des/r mir anvertrauten Kindes/r und wie kann die Form meiner Begleitung diese unterstützen?

- Welche Eigenschaften sind mir ganz besonders wichtig und wie kann ich mein Kind beim Aufwachsen begleiten, damit es diese ausbilden kann?
- Wie möchte ich die Beziehung zu dem/n mir anvertrauten Kind/ern gestalten, um ein Zusammenleben in Verständnis, Geborgenheit und Sicherheit zu ermöglichen?
- In welchen Bereichen fühle ich mich in meinem Begleiten noch unsicher und was könnte mich darin unterstützen, sicherer zu werden?
- Wie gehe ich auf Kritik oder Nachfragen von Außenstehenden bezüglich meiner Form der Begleitung um?

Schau gern noch einmal zurück zur Wertetabelle.

Euer Weg ist einzigartig und sicherlich völlig anders als der deiner Freundin oder deines Kollegen. Wichtig ist, dass es dem Kind und euch als Familie auf eurem ganz individuellen Weg gut geht. Und vermutlich hast du beim Lesen dieses Buches Momente, in denen du dich innerlich abgeholt fühlst, und andere, in denen du Ideen als unstimmig empfindest. Und ganz egal, welchen Namen du deiner Form der Führung, Begleitung oder Erziehung deiner Kinder gibst, entscheidend ist nur, dass der Wert der Gewaltfreiheit nicht verhandelbar ist. Jegliche Gewalt in Form von seelischen und körperlichen Verletzungen an Kindern ist ein klarer Indikator dafür, dass der Weg noch nicht in die richtige Richtung verläuft.

Bleib kritisch!

Ich selbst lese viele Bücher, tausche mich mit Freund:innen und vielen Menschen aus dem „beziehungsorientierten Kreis" aus und habe manchmal Momente, in denen mich ein Gefühl des Unwohlseins oder der Ablehnung überkommt und mich nachdenklich stimmt. Einige Ratgeber enthalten Aspekte, die ich kritisch sehen und nicht übernehmen würde. Und vermutlich hätten viele Eltern das altbekannte und mittlerweile zum Glück weitestgehend abgelehnte Schlaftraining mit ihren Kindern lieber nicht durchgeführt! In Momenten der Überforderung und Erschöpfung sehnen wir Menschen uns jedoch nach Orientierung und Sicherheit und sind bereit, Tipps und Empfehlungen von anderen auszuprobieren. Das ist absolut verständlich, und gleichzeitig ist es wichtig, dass diese Ideen zu deiner Haltung und deinen Werten passen. Ist dem nicht so, spüre dem unbedingt nach und entscheide, was wirklich zu euch und eurer Familie passt. Nur weil ein bestimmtes Einschlafritual oder eine Strategie bei der Begleitung von Gefühlsstürmen bei deiner Freundin gut gelingt, muss das noch lange nicht für euch gelten.

Sieh die große Auswahl an Erziehungsratgebern wie ein reichhaltiges Buffet und entschiede situativ, von welchen Speisen du probieren magst. Einige wirst du noch mal probieren und vielleicht auch regelmäßiger essen, andere bereiten dir Bauchschmerzen, oder du isst sie nur ganz selten, weil du weißt, dass sie der Beziehung eigentlich nicht guttun. So wie das Schimpfen und Drohen: Es tut nicht gut und passiert dennoch manchmal. Und manchmal hilft wiederum die Tiefkühlpizza oder der Schokopudding, um die Nerven zu bewahren. Besonders wenn die Tage länger sind, als die Kraft reicht. Bei uns gibt es sehr viel Pizza! Wie sagt die Journalistin für bindungsorientierte Elternschaft so gern: Es ist moralisch neutral.

Schau also gern, was zu dir passt, und wähle bewusst. Häufig wählen Elternteile auch verschiedene Dinge vom Buffet und haben unterschiedliche Erziehungsvorstellungen. Und in der Regel entwickeln wir uns weiter und nähern uns im Laufe der Zeit einander an. Auch ich bin nun eine andere Mutter, als ich es zur Geburt meines ersten Kindes vor vierzehn Jahren war. Nicht besser, nicht schlechter, sondern anders.

Gern erinnere ich mich an die „Marker" meines eigenen Wachstums, etwa als ich vor ungefähr vierzehn Jahren bei einer Wohnungsbesichtigung überrascht und irritiert gewesen bin, als ich das Kinderbett des Vierjährigen im Elternschlafzimmer sah. Heute ist es für mich das Normalste der Welt, wenn Kinder so lange bei den Eltern schlafen, wie die Familie es als stimmig empfindet. Mein Denken und Fühlen haben sich mit der Zeit sehr verändert, und ich bin mit Sicherheit für mein erstgeborenes Kind eine andere Mutter als für mein zuletzt geborenes.

Orientieren wir uns doch an dem, was die Kinder – und auch wir – brauchen, und richten unsere Begleitung an ihren Zielen und Werten aus. Diverse Studien belegen einen klaren **Zusammenhang zwischen dem Erziehungsstil und der Entwicklung von Kindern**. Förderlich ist eine positive Eltern-Kind-Beziehung, die sich durch eine sichere Bindung und hohe Wertschätzung auszeichnet und in der das Kind Orientierung durch Regeln und Grenzen erfährt. Zu familiären Schutzfaktoren gegenüber antisozialem Verhalten zählen außerdem haltgebende Abläufe, Struktur und Rituale.[78]

Statt …	**Versuche …**
Kontrolle & Gehorsam	Gleichwürdige Führung & Selbstkontrolle
Starre Grenzsetzung	Haltgebende Grenzen
Machtmissbrauch	Machtgebrauch
Distanz	Präsenz & Authentizität
Gefühls- & Impulsunterdrückung	Co-Regulation
Bewertungen	Beobachtung & Anerkennung
Hierarchie	Klarheit & Beharrlichkeit
Gegeneinander & Kampf	Miteinander & Zugewandtheit
Verhalten als Provokation	Verhalten als Strategie der Bedürfniserfüllung

Du darfst stolz sein!

Auch in meiner Umfrage wollte ich von den Eltern wissen, wie sie ihre Kinder begleiten, auf welche Momente sie stolz sind und wann sie sich in ihrer Elternrolle richtig wohlfühlen. Ein Großteil der befragten Eltern gab an, ihre Kinder mit viel Fürsorge und Wärme zu begleiten und bewusst zu versuchen, auf Strafen, Drohungen und auch Belohnungen zu verzichten.[79] Deutlich spürbar war der Wunsch der Eltern, ihr Bestes zu geben und alles richtig zu machen, einige formulierten dabei auch Zweifel und Unsicherheiten. Ein Elternteil berichtet: *„Ich versuche, die Kinder auf Augenhöhe zu begleiten, aber übe in manchen Bereichen Kontrolle aus (Medien, Körperpflege, Hausaufgaben). Es fühlt sich nicht immer gut an (vor allem das: wie ich Dinge durchsetze)."* Auf meine Frage „Gibt es Verhaltensweisen in der Begleitung, auf die du besonders stolz bist?" erhielt ich sehr viele ehrliche und berührende Zuschriften, die ich deshalb mit dir teilen möchte, weil ich es für so wichtig halte, dass wir uns Folgendes immer wieder bewusst machen: Wir gewichten oft die weniger gelungenen Momente mehr und übersehen dabei die vielen Glitzersteine, also all das, was uns schon richtig gut gelingt. Ich meine, wir sollten unser Licht öfter auf diese Situationen lenken. Alle unsere Anstrengungen lohnen sich, das hat ein Elternteil mit diesen Worten beschrieben: *„Wenn ich merke, dass all meine Bemühungen der letzten Jahre langsam Wirkung zeigen. Wenn mein Kind es durch all meine Co-Regulation der letzten Jahre schafft, zu formulieren, an was es fehlt. Dann schwinden all die Zweifel, und ich merke, dass ich es doch ganz gut hinbekommen habe die letzten Jahre."* Ein anderes Elternteil berichtet, dass es sich in seiner Rolle wohlfühlt, wenn *„[...] ich die Bedürfnisse meines Kindes erkennen und stillen kann, wenn ich Gefühle ‚übersetze', wenn wir zusammen lachen und spielen, wenn ich stolz auf mein Kind bin".* Und wieder ein anderer Vater/eine Mutter schreibt:

„Meine Kinder dürfen weinen und traurig sein, ich lenke sie nicht ab, ich halte sie.“ Hier ist so viel liebevolle Zuwendung zu den Bedürfnissen der Kinder zu spüren, so viel Offenheit gegenüber ihren Gefühlen, davon kannst bestimmt auch du berichten. Und wäre es nicht schön, wenn wir uns an diese Momente regelmäßig erinnern? Warum notieren wir diese Gedanken nicht auf einem Zettel und kleben ihn an unseren Badezimmerspiegel?

Lass uns das Unsichtbare sichtbar machen. Mach dir bewusst, was du alles in vielen unzähligen Momenten tust. Trösten, Gefühlen Raum geben, sie übersetzen, co-regulieren – diese intensive Arbeit verdient es, gesehen zu werden. Jeden Tag sind es die feinen Zwischenräume, nahezu unsichtbar, die wir füllen und die die Qualität unserer Beziehung ausmachen. Diese Millisekunden, in denen wir dem Reiz – sei es beim Geschwisterstreit, dem Gefühlssturm in der Kita-Garderobe oder dem Betteln um mehr Medienzeit – standhalten. Und nicht kopflos reagieren, sondern uns in Selbstregulation üben, obwohl wir erschöpft sind von all unseren To-dos. Gelingt es uns nicht, klopfen Gefühle wie Schuld und Scham bei uns an, die uns zur Reflexion anregen und uns auffordern, nach dem Konflikt wieder eine Verbindung zu unserem Kind herzustellen. **All das ist nahezu nicht sichtbar, füllt keinen Einkaufswagen und bringt uns keine Medaille ein, dabei ist es genau das, was so viel Kraft kostet und die Bindung zwischen dir und deinem Kind stärkt.** Es sind diese Millisekunden, in denen dein Kind sein Selbstbild nach deiner Reaktion ausrichtet. Es sind diese Momente, in denen dein Kind nach einem Konflikt wieder in Sicherheit spielen kann, während du noch darüber nachdenkst, was gerade passiert ist und wie du hättest anders reagieren können. Diese innere Kraft, die du aufbringst, um in dich zu hören, diese Anstrengung, nicht in die eigenen Fallen zu tappen und Muster zu wiederholen. Bitte lass all diese unfassbar wertvollen Momente sichtbar werden und sei stolz auf jeden einzelnen. Es dürfen Brüche entstehen, Konflikte gelebt werden, es darf laut und leise sein. All das ist okay, und all das macht euch aus. Und all das braucht es für eure Entwicklung. Und es braucht Anerkennung und Wertschätzung! Denn diese Arbeit ist so essentiell und wichtig.

Ich möchte dir Halt schenken und dir sagen, dass du auf dem völlig richtigen Weg bist, denn es ist euer Weg, und er geht in eine bestimmte Richtung. Versuche, die kritischen Blicke von außen, die strengen Stimmen von innen leiser zu drehen und konzentriere dich auf euch. Sei mutig zu handeln und nimm dir vom Buffet all das, was dir guttut. Das darf heute etwas anderes sein als morgen, und etwas anderes als dein:e Partner:in wählt.

WERTE
ALS RICHTSCHNUR
BRÜCHE
reparieren
ALLE Gefühle
DÜRFEN SEIN
N
O
ZUGEWANDTE
FÜHRUNG
STRESSOR
ERKENNEN
& REGULIE
MIT
Leuchttürmen
SICHER NAVIGIEREN
WERTSCHÄTZUNG
ERKENNE MIT STOLZ AN,
WAS DU JEDEN TAG LEISTEST!
MIT-
SEIN
GRENZEN
ALS ORIENTIERUNG

5. Leuchttürme für deinen Alltag

Lasst uns im Folgenden verschiedene Leuchttürme ansehen, die uns Orientierung geben und uns statt Entmachtung Selbstwirksamkeit spüren lassen. Denn unsere Kinder brauchen Erwachsene, die nicht von der Strömung mitgerissen werden, sondern wissen, wohin sie segeln. Es sind acht Leuchttürme, die dir Sicherheit schenken und Halt geben sollen.

Leuchtturm 1: Zugewandt führen

Wenn ich in der bedürfnisorientierten Erziehung von Führung spreche, verstehe ich darunter nicht, dass wir an einem Kind in irgendeiner Form ziehen. Vielmehr ist es an uns, es zu sehen, zu beschützen, körperlich und emotional zu nähren und es darin zu begleiten, als der Mensch heranzuwachsen, der er oder sie im Kern ist. Ein Mensch, der sich selbst kennt, schätzt und liebt. Selbstliebe ist die Voraussetzung dafür, auch anderen mit Liebe begegnen zu können. Mit uns selbst verbringen wir die meiste Zeit unseres Lebens, wir sind die Person, mit der wir uns jeden Tag im Jahr schlafen legen. Ist es daher nicht das Allerwichtigste, dass wir unser:e Kind:er dabei unterstützen, sich selbst aus tiefstem Herzen zu mögen? Damit Kinder sich frei entwickeln können – darin liegt kein Widerspruch – brauchen sie einen haltgebenden Rahmen und Vorbilder, die ihnen Orientierung und Sicherheit geben. In diesem Sinne brauchen Kinder Führung.

Es ist unsere Aufgabe, Kinder darin zu bestärken, dass sie von unfassbarem Wert sind, so wie sie sind, und dass sie mit lauter und kräftiger Stimme sagen dürfen: „Ich bin wertvoll, ich werde geliebt und ich liebe mich, so wie ich bin!“ Dafür brauchen sie haltgebende Vorbilder, die Freiheit gewähren, damit Kinder sich körperlich und sozial ausprobieren können, und sie gleichzeitig vor Gefahren schützen. So wie die Eltern von Marie:

Marie wünscht sich zu Weihnachten nichts sehnlicher als ein Tablet. Der Wunsch bereitet den Eltern im Vorfeld Kopfzerbrechen, da es in der Familie häufig zu Konflikten rund um das Thema Mediennutzung kommt. Dennoch sind sie bereit, den Wunsch ihrer Tochter zu erfüllen. Da ihnen klar ist, dass letztlich sie die Verantwortung für den Umgang mit diesem Gerät tragen und da sie ihr Kind schützen wollen, beschäftigen sie sich vor dem Kauf intensiv mit den Sicherheitsaspekten. Sie wollen Marie Führung geben, sich präsent zeigen, Grenzen vereinbaren und ihrer Tochter vermitteln: „Wir sind für dich da und bereit, mit dir zu lernen.“ Erfahrungsberichte aus dem Freundeskreis können die Sorge der Eltern mindern, und sie fühlen sich immer sicherer. Sie besorgen ein Medien-Memory-Spiel, mit dessen

Hilfe sie Vereinbarungen mit ihrer Tochter treffen wollen. Sie stecken ganz klar den Rahmen ab, in dem sich das Kind medial aufhalten darf. Auch ist ihnen bewusst, dass es anfangs etwas Zeit brauchen wird, bis das Kind sich sicher mit dem Gerät auskennt und Vereinbarungen einhalten wird.

Orientierung und Führung auf Augenhöhe ist für Kinder haltgebend und richtungsweisend. Sie entwickeln ein Gefühl von Sicherheit und Geborgenheit, wenn sie erfahren, wie bedeutend sie für jemanden sind, der bereit ist, die Verantwortung zu übernehmen, selbst wenn dies bedeutet, unpopuläre Entscheidungen zu treffen und Konflikte auszuhalten.[80]

Marie weiß von Beginn an, dass die Medienzeit am Abend um 19 Uhr beendet ist. Dieser Vereinbarung stimmt sie zu, spürt aber im Verlauf der ersten Tage, dass sie damit doch nicht einverstanden ist. Der Vater erläutert ihr die Beweggründe, die das Kind versteht, aber nicht akzeptieren will. Er weicht dennoch nicht davon ab und wiederholt seine Grenze: „Marie, mir ist deine Gesundheit wichtig, und daher lasse ich dich nach 19 Uhr nicht mehr am Tablet spielen!"

Eltern sollten ein Kind immer dann führen, wenn sein körperliches oder seelisches Wohl bedroht scheint. Dabei müssen sie auch unliebsame Beschlüsse fassen wie Maries Vater. Er macht bewusst von seiner Macht Gebrauch und sagt: *„Marie, uns ist wichtig, dass dein Körper sich ausreichend erholen kann. Das Tablet kommt nun zur Ladestation."*

Aber Achtung! Jede einzelne Situation ist höchst individuell, wie auch jedes Kind individuell ist. Auch diese Zeilen bringen nur eine mögliche Idee davon zum Ausdruck, wie ihr euer Kind im Miteinander begleiten könnt. Immer mit den Fragen im Blick: Was braucht das Kind? Was brauche ich? Wie kann ich es begleiten, damit es uns allen gut geht? Für ein Kind kann eine Herausforderung allein dadurch gegeben sein, dass es eine persönliche Grenze – ein Nein einer Bindungsperson – erfährt. Dann ist es an uns, zu beobachten, ob das Kind Frustration und Ärger spürt, den es mit unserer Unterstützung verarbeiten kann, oder ob die Situation zu eskalieren droht. In diesem Fall ist Durchhalten und Beharrlichbleiben nicht meine Empfehlung. Gerät das Kind in eine Übererregung, benötigt es eine weiche, liebevolle und beruhigende Begleitung. Denn um zu lernen und sich zu entwickeln, braucht es immer ein erfülltes Bedürfnis nach Sicherheit. Ein starres Nein kann dieses mächtig ins Wanken bringen.

Für Lotta geht heute Morgen die Welt unter. Normalerweise zieht sie sich selbst an, aber an diesem Tag möchte ihr Vater ihr in die Strumpfhose helfen. Lotta kämpft mit allen Mitteln für ihre Bedürfnisse nach Autonomie, Selbstbestimmung und Freiheit. Der Vater ärgerte sich, denn er hat es an diesem Tag furchtbar eilig. Er spürt, wie bestimmte innere Sätze in ihm hochkommen: „Immer wieder dieses Theater wegen solch einer Lappalie!" Aber als er das spürt, drückt er innerlich auf die Stopp-Taste und atmet tief ein und aus. Er sieht sein Kind an, was außer sich ist, und erkennt seine innere Not. Lotta braucht nun keine Belehrung, keine Strenge und keinen zusätzlichen Druck, sondern einen Menschen, der sie versteht. Und gleichzeitig wird dem Vater bewusst, wie wichtig es ihm ist, pünktlich das Haus zu verlassen. „Lotta, ich bin für dich da. Ich sehe deinen

Ärger. Ich muss gleich los. Bitte zieh dich mit mir an!" Lotta schimpft und lässt sich nicht beruhigen. Sie verlässt den Raum und schreit: „Ich gehe heute nicht in den Kindergarten!"

Es gibt Situationen, in denen ich sehr klar sein kann. Wie ein Fels in der Brandung gelingt es mir dann, Orientierung zu geben. In anderen Momenten hingegen spüre ich eine innere Unsicherheit und weiß selbst nicht genau, was ich will und was nicht. Dann ist mein Bedürfnis nach Orientierung selbst sehr groß. Kinder spüren unsere Unsicherheit, und entsprechend ihres Charakters und Temperamentes prüfen sie erneut, wo wir stehen und was uns wichtig ist. Uns hilft es dann, für einen Moment innezuhalten und zu beobachten: Was passiert gerade, das mich einschränkt? Was ist der Auslöser? Um dann zu fragen: Was fühle ich, wenn mein Kind sich so verhält? Wissend, dass meine Gefühle in direkter Verbindung zu meinen Bedürfnissen stehen.

Zurück zu Lotta und ihrem Vater: *Der Vater will definitiv pünktlich das Haus verlassen. Als er seine Anspannung wahrnimmt und seine Gedanken stoppt, spürt er, wie er automatisch ruhiger wird. Dann klopft er an Lottas Zimmertür und sagt: „Lotti, ich will pünktlich sein und du willst selbst entscheiden, was du anziehst, oder? Darf ich zu dir kommen?" Langsam öffnet er die Tür. Das Mädchen fühlt sich verstanden und sucht eine andere Hose aus dem Schrank. Der Vater bedankt sich bei ihr für ihre Unterstützung und erzählt ihr, wie wichtig es ihm ist, dass er sowohl Zeit hat, Lotta in den Kindergarten zu bringen, als auch gut bei der Arbeit anzukommen.*

Wenn wir Kinder in die Welt begleiten, dann braucht es diese offene und zugewandte Haltung und ein echtes Interesse an dem, was sie fühlen und brauchen. Es geht beim Konflikt um das Kleidungsstück, nicht um einen Widerstand des Kindes gegen den Vater. Das Mädchen nutzt vielmehr die eigene Grenze, um zu zeigen, dass es mit der Entscheidung des Vaters nicht einverstanden ist. Es kämpft nicht gegen ihn, sondern für sich. Interpretieren wir kindliches Verhalten als Provokation, gehen wir meist direkt in einen Kampf. Und Kämpfe, das wissen wir, fordern meist einen Gewinner und einen Verlierer. Auf Augenhöhe und in Beziehung zu führen bedeutet daher, das Kind an unseren Entscheidungen teilhaben zu lassen und darauf zu achten, die Verbindung aufrechtzuerhalten. Ohne Angst vor Konflikten steht der Erwachsene für das Wohlbefinden und den Schutz des Kindes ein. Er zeigt sich feinfühlig, indem er das Kind mit seinen Gefühlen und Bedürfnissen wahrhaftig wahrnimmt und gleichzeitig seine eigenen Bedürfnisse im Blick behält. Sollte es notwendig sein, so stellt er diese im gleichwürdigen Aushandlungsprozess einander gegenüber und handelt entsprechend. Im Falle eines Konfliktes begleitet die Bezugsperson die kindliche Reaktion sowie auftauchende Gefühle einfühlsam und schützt das Kind vor körperlichen und seelischen Verletzungen.

Leuchtturm 2: Grenzen als Orientierung

Statt „Kinder brauchen Grenzen" sagen wir im Sinne der Bedürfnisorientierung, dass Kinder sich an Menschen orientieren wollen, die ihre Grenzen kennen. Es ist also unsere Aufgabe als Bezugspersonen, Kindern zu zeigen, wann sie einer Grenze zu nahekommen oder diese übertreten, denn das zu erfahren und sich darauf einzustellen braucht viele Lernanlässe und Zeit. Wenn wir Erwachsenen selbst dazu neigen, unsere Bedürfnisse zurückzustellen, ist das also nicht nur ungünstig für uns, sondern für das gesamte familiäre Miteinander. Diese Erkenntnis wurde mir in den letzten Jahren immer mehr bewusst, weshalb ich eine persönliche Geschichte zu dem Thema mit dir teilen möchte.

Meine Familie machte einen kleinen Ausflug in die Berge. An die Verpflegung war gedacht und Wasser und Essen auf die Rucksäcke verteilt. Gerade wollte ich mir das Kleinkind mit seinen 12 Kilo mit der Trage auf den Bauch setzen, als mein Mann mich fürsorglich fragte, ob nicht er das Kleine tragen solle. Es ging an einigen Stellen steil bergauf, und er wusste, dass mir langes Tragen aufgrund einer langwierigen Entzündung hinterher manchmal Schmerzen bereitet. Ich hielt kurz inne und fragte das Kleinkind: „Möchtest du, dass Mama oder Papa dich trägt?" Mein Mann schaute mich wieder liebevoll an und entgegnete: „Na, wenn du diese Entscheidung dem Kind überlassen möchtest! Dir muss es doch auch gut gehen!"

In dieser Situation spürte ich blitzartig, wie weit ich davon entfernt war, mich zu sehen. Obwohl ich mehr als zehn Jahre Mutter und siebzehn Jahre Kindheitspädagogin war und mich seit ebenso vielen Jahren rund um die Uhr mit der Bedürfnisorientierung beschäftigte, gab es immer wieder Situationen, in denen meine Prägungen dominierten. Ein „Ich schaff das schon!" ließ mich oft meine körperlichen Grenzen nicht spüren. Dies ist jedoch notwendig, um sich vor Überlastung und Überforderung zu schützen. Kinder fühlen dies im Gegensatz zu uns noch sehr klar und sagen regelmäßig: „Ich kann das nicht." Was sie hingegen häufig als Antwort hören, ist: „Doch, du kannst das! Du schaffst das!" Durch solche Sätze nehmen wir sie in ihrer Begrenztheit nicht ernst und appellieren an sie, der eigenen Wahrnehmung zu misstrauen. Auf unserer Wanderung spürte ich sehr deutlich, dass ich die Unterstützung meines Mannes annehmen sollte, dass ich an mich denken durfte und dass das Kind ebenso gut bei ihm aufgehoben war. Ein Glitzerstein in meinem Lernprozess als Mutter, für den ich sehr dankbar bin.

Auch die kognitiven Psycholog:innen Janet S. Klosko und Jeffrey E. Young weisen auf das zentrale Bedürfnis hin, realistische Grenzen zu erfahren und selbst Kontrolle auszuüben. Denn „[d]ies schließt die Fähigkeit ein, die Bedürfnisse anderer zu verstehen und sie bei unseren eigenen Aktivitäten zu berücksichtigen – ein faires, ausgewogenes Verhältnis zwischen der Befriedigung unserer eigenen Bedürfnisse und der Berücksichtigung der Bedürfnisse anderer zu erreichen"[81]. Dadurch entwickeln Kinder Selbstkontrolle und Selbstdisziplin.

Grenzen werden im lebendigen und authentischen Miteinander sichtbar und brauchen keineswegs starr gezogen werden. Sie tauchen im täglichen Leben in vielfältiger Form auf, denken wir zum Beispiel an die Grenzen von Ort und Zeit, die ein jedes Kind täglich erfährt. Kinder stoßen außerdem tagtäglich an entwicklungsbedingte Grenzen, so kommen sie aufgrund ihrer Körpergröße zum Beispiel noch nicht an das Waschbecken. Diese und ähnliche Grenzen erfahren Kinder an vielen Orten und fühlen sich deshalb oft eingeschränkt. Daher ist es für ihre Entwicklung wichtig, dass sie ausreichend Zeit in einer „Ja-Umgebung" verbringen. Das sind Orte, die an ihre Bedürfnisse angepasst sind und in denen sie in Sicherheit und ohne ständige Begrenzungen sein können.

Um es wieder mit Immanuel Kant auszudrücken: Die Freiheit des Einzelnen endet dort, wo die Freiheit des anderen beginnt.

Jeder Mensch eines jeden Alters legt selbst seine persönlichen Grenzen fest und hat ein Recht darauf, die eigene Freiheit und Selbstbestimmung zu leben. Dies funktioniert, solange diese nicht die Freiheit eines anderen Menschen verletzt oder beeinträchtigt. Und genau an dieser Stelle stoßen wir auf Grenzen. Ein Beispiel:

Selin läuft ins Wohnzimmer und sieht, wie ihre Mutter mit geschlossenen Augen auf dem Sofa liegt. Sie beginnt, auf ihr zu klettern und ihr laut ins Ohr zu singen. Die Mutter erschrickt und ärgert sich darüber. „Das macht sie nur bei mir, den Papa hingegen stört sie nicht", denkt sie. Als sie Selin fragt, wie es ihr gelingt, auf ihren Papa Rücksicht zu nehmen, antwortet das Kind: „Wenn Papa seine Kopfhörer aufhat, dann weiß ich, er braucht Pause, und wenn er sie abhat, dann darf ich zu ihm."

Dem Vater gelingt es, klar und deutlich durch ein Symbol oder Zeichen seine Grenze zu kommunizieren. Das Kind kann sich gut daran orientieren und hat vermutlich mehr als einmal die persönliche Konsequenz des Vaters bei einer Störung erlebt: Er reagiert mit schlechter Laune. Es ist eine Herausforderung, so sagt Marshall Rosenberg, anderen Menschen offen mitzuteilen: „Hey, wenn du so handelst, dann passiert Folgendes in mir. So fühle ich mich, das brauche ich. Und das ist es, worum ich dich bitten will."[82] Dabei wird die Person nicht moralisch verurteilt oder bewertet. Das Kind erfährt eine sehr natürliche Konsequenz der eigenen Handlung.

Die Mutter bespricht daraufhin mit Selin, dass sie Ruhe möchte, wenn ihre Augen geschlossen sind. An dieser Regel versucht sich Selin auch bei der Mutter zu orientieren. Gelingt dies mal nicht, weil das kindliche Bedürfnis nach Kontakt oder Spiel zu groß ist, erinnert die Mutter ihre Tochter daran. Sie kann sagen: „Ich brauche noch Ruhe, bis der große Zeiger auf der drei ist. Ich möchte, dass du leise bist. Gleich danach komme ich zu dir und wir machen etwas gemeinsam." Durch die Worte: „Ich will/möchte" zeigt die Mutter, dass sie für ihre Bedürfnisse einsteht und dass sie Selin ebenso zutraut, dass sie ihre Bedürfnisse einen Moment zurückstellen kann. Würde das Kind hören: „Du bist zu laut. Geh in dein Zimmer!", erhielte es eine Begrenzung, ohne dabei etwas über den Erwachsenen zu erfahren.

Wir können uns dies im Miteinander vorstellen, als habe ein jeder Mensch einen unsichtbaren Hula-Hoop-Reifen um sich. Diese Reifen sind individuell in ihrer Größe und Beschaffenheit. Berühren sich unsere Reifen, spüren wir eine Grenze – die unsere und gegebenenfalls die des anderen. Je nach Situation und eigener Verfassung löst dies in mir ein Gefühl der Scham, Verärgerung, Trauer oder vielleicht sogar Wut aus. Meine Grenze verletzt oder bedroht, und meine Gefühle alarmieren mich, diese wiederherzustellen und zu schützen. So verhalten sich auch Kinder: Sie schützen sich selbst und stoßen damit – ohne einen anderen verletzen zu wollen – einen anderen zurück. Meist sind sie dabei sehr intuitiv und klar – im Gegensatz zu uns Erwachsenen. In Fortbildungen erlebe ich immer wieder Menschen, die es schlicht verlernt haben, auf ihre Grenzen und Gefühle zu achten. Es ist an der Zeit, dass erwachsene Bezugspersonen diese wieder für sich entdecken und klar und bestenfalls ohne Verletzungen äußern.

Kinder brauchen keine Grenzen um der Grenzen willen. In jedem Fall aber Erwachsene, die sie feinfühlig darin begleiten, mit den Grenzen des Lebens umgehen zu lernen. Oder wie der Familientherapeut Jesper Juul schreibt: „Kinder, die angeblich ihre Grenzen ‚austesten', suchen gewissermaßen nach der wahren Persönlichkeit ihrer Eltern. Sie wollen wissen, wer ihre Eltern eigentlich sind und wofür sie stehen."[83]

Reflexion: Grenzen und Entscheidungsautonomie

Im Familienleben ergeben sich zwangsläufig Konflikte durch kollidierende Bedürfnisse und Grenzen. Es ist das Recht der Kinder, je nach Alter und Entwicklungsstand an Entscheidungen des Alltages beteiligt zu werden, und gleichzeitig ist es im Sinne der haltgebenden Führung wichtig, dass wir in uns hören und uns fragen:

- Wie kann das Kind sich möglichst selbstbestimmt entwickeln und dabei lernen, die Regeln und Grenzen der anderen zu beachten?
- Wie können Erwachsene ihrem eigenen Bedürfnis nach Wohlbefinden gerecht werden?
- Wann entscheiden Eltern aufgrund ihrer Verantwortung und Aufsichtspflicht für den Schutz und die Gesundheit ihres Kindes?
- In welchen Bereichen können Kinder selbst entscheiden und wo sind Grenzen und Anleitung notwendig?

Einige Dinge können Kinder noch nicht allein einschätzen. Dazu zählt beispielsweise der Anschnallgurt im Auto, der Sonnenschutz im Sommer oder das Baden im Pool. Grenzen wie „Das macht man so!“ lohnt es sich genauer anzusehen. Einmal wünschte sich mein jüngstes Kind Eis zum Frühstück und mit Hausschuhen auf die Straße zu gehen. In solchen Fällen wäge ich genau ab, ob ich dem zustimmen kann oder ob ich klar in die Führung gehe. Und umso klarer ich selbst bin, umso leichter fällt es mir, meinem Kind den Weg zu leuchten.

Leuchtturm 3: Alle Gefühle dürfen sein!

Es wäre romantisch zu denken, dass unsere Entscheidungen in Momenten der Führung mit einem Lächeln entgegengenommen werden. Je nachdem, wie das Kind gerade beisammen ist und welche Bedürfnisse durch unsere Einschränkungen bedroht werden, wird es für diese einstehen. Und ebenso kann die kindliche Reaktion unsere Bedürfnisse „bedrohen" und in uns unangenehme Gefühle auslösen. Ein Grund, warum die kindliche Autonomie mich manchmal sehr herausfordert, denn es prallt dann gern mein Bedürfnis nach Autonomie auf das des Kindes. Besonders knifflig wird es, wenn unsere beiden Vorhaben nicht vereinbar scheinen: „Du willst noch auf dem Spielplatz bleiben, *und* ich will gehen!" Beschließe ich am Ende, dass wir nun definitiv gehen, und reagiert mein Kind mit Ärger, denke ich gern: „Ich darf Nein sagen, und das Kind darf frustriert sein. Und das Kind darf Nein sagen, und ich darf mich ärgern." Es ist an uns, das Kind in seinen Gefühlen zu begleiten, ohne es, wie die Familienbegleiterin Nicole Wilhelm sagt, „falsch zu machen"[84]. Hilfreich ist dabei die Erinnerung daran, dass die Gefühle des Kindes uns wie ein Kompass auf seine unerfüllten Bedürfnisse hinweisen. Diese Gefühle gilt es zu halten, die Disharmonie für den

Moment zu akzeptieren und dem Kind Stabilität zu geben. Denn was würde passieren, wenn auch wir von den wilden Wellen mitgerissen werden? Also gilt es, tief durchzuatmen, um die Sicherheit, Ruhe und Zuversicht zu tanken, die das Kind in diesem Moment von uns braucht. Daher spüre in diesen gefühlsgeladenen Momenten zuerst dich, denn nur durch Selbstregulation können wir Kindern mit Co-Regulation zur Seite stehen. Je nach Wesen des Kindes werden seine stürmischen Gefühlswellen bald zur Ruhe kommen.

Leuchtturm 4:
Mit-Sein und den Moment teilen

Der Familienalltag ist heute oft so vollgestopft, dass nur wenig Zeit zum Durchatmen bleibt. Neben der Berufstätigkeit, der außerfamiliären Betreuung der Kinder, der ständigen Erreichbarkeit und den großen Ablenkungsmanövern, zum Beispiel dem Handy, ist kaum Raum, um innezuhalten. Es ist keine Überraschung, wenn ich schreibe, dass wir und unsere Kinder mehr Zeit im Miteinander brauchen. Was ich damit auf keinen Fall erzeugen möchte, ist zusätzlichen Druck. Auch möchte ich dich nicht dazu auffordern, noch mehr Verpflichtungen in den Alltag zu pressen. Es soll kein Extra sein, sondern ein „Mit-Sein", gemeinsame Momente, in denen wir uns unabgelenkt einander zuwenden, uns füreinander interessieren. Ein Beispiel:

Tims Mutter beobachtet seit mehreren Tagen, wie Tim dieses eine Spiel auf der Playstation so unheimlich gerne spielt –

ausgerechnet Fußball. Sobald er aus der Schule kommt, setzt er sich auf das Sofa und nutzt seine tägliche Spielzeit. Die Mutter mag keine Computerspiele und kann diesen Hype absolut nicht nachvollziehen. „Schon wieder dieses dumme Spiel“, denkt sie, „wenn er dabei mal nicht verblödet.“ Diese Worte sagte ihr Vater früher immer zu ihrem Bruder. Es wäre viel besser, wenn Tim solch eine Hingabe für Bücher entwickeln würde, findet die Mutter.

Am Nachmittag unterhält sich die Mutter mit ihrer Freundin über dieses Fifa-Spiel und stellt fest, dass sie eigentlich gar nicht weiß, wie man es spielt. Das möchte sie ändern und gerne wissen, was Tim daran so mag. Sie fragt Tim, ob sie am Wochenende mal eine Runde zusammen spielen wollen. So richtig Lust hat Tims Mutter nicht, aber sie möchte es gern einmal sehen. Tim stimmt der Idee freudestrahlend zu: „Samstag oder Sonntag, Mama?“

So oft fragen wir uns, was wir tun können, damit es unserem Kind in der Zukunft gut geht. Es vielleicht zum Lesen animieren, damit es in der Schule gut mitkommt? In Momenten des Mit-Seins konzentrieren wir uns hingegen auf den Augenblick und schauen, was das Kind gerade jetzt braucht. „Es ist ein Zustand der feinfühligen Einstimmung, in dem wir an der emotionalen Erfahrung unseres Kindes teilhaben“, ohne diese zu übernehmen.

Am Samstag ist es dann so weit, Tim und seine Mutter setzten sich gemütlich auf das Sofa, während der Papa mit dem kleinen Bruder eine Runde auf dem Spielplatz dreht. Der Mutter ist wichtig, dass Tim einen Moment der ungeteilten Aufmerksamkeit genießen kann. Stolz schaltet ihr Sohn die Playstation ein und beginnt, seiner Mutter das Spiel im Detail zu erklären. Die anfängliche Skepsis der Mutter weicht schnell, sie sieht, welche Freude das Kind entwickelt, und als sie selbst einmal probiert zu spielen, stellt sie schnell fest, welche Fingerfertigkeit Tim dabei leistet. Er versteht zudem die Regeln und Anweisungen. Die Mutter kann nachempfinden, was das Kind in den Spielmomenten durchlebt und warum es mit so viel Engagement dabei ist. Auch wenn sie selbst nicht gerne spielt, genießt sie es, den Moment miterleben zu dürfen und einfach dabei zu sein. Mutter und Kind sind emotional verbunden. In darauffolgenden Spielmomenten des Sohnes kann sie an diese gemeinsame Erfahrung anknüpfen und mit ihm ins Gespräch gehen. Anders als zuvor, als sie sein Spiel unwissend bewertete.

Erinnerst du dich an die Geschichte mit dem Vogel, der über uns schwebt? In den Momenten des Mit-Seins üben wir eine Form der Präsenz, wodurch sich das Kind gesehen und wertgeschätzt fühlt. Wir unterstützen es dabei, Empathie und Selbstvertrauen zu entwickeln. Es erlangt emotionale Sicherheit, wodurch sich Stresssysteme regulieren.[85] Wir folgen dem Bedürfnis des Kindes und schwingen mit ihm und wenn nötig übernehmen wir die Führung. Bei der Führung in Präsenz geht es darum – wie Hoffmann et al. es beschreiben – mit „Bestimmtheit“ zu vermitteln: „Ich bin da, um dir zu geben, was du brauchst, um Führung zu übernehmen und für deine Sicherheit zu sorgen. Du kannst dich auf mich verlassen.“[86]

Leuchtturm 5: Stressoren und Selbstregulierung

Vereinfacht gesagt ist Stress eine Reaktion auf bestimmte Einflüsse, die uns dazu antreibt, zusätzliche Energie aufzubringen, um ein gewisses Gleichgewicht herzustellen. Wann ein Kind starkem Stress ausgesetzt ist und welche Dinge als Stressoren wirken, ist nicht leicht festzustellen, da es nicht nur offensichtliche, sondern auch viele verborgene Stressauslöser gibt. Diese in den Blick zu nehmen, ist ein wichtiger Schlüssel, um das Kind in der Regulation zu unterstützen. Anstatt das Kind zu ermutigen, *Selbstkontrolle* zu üben, also seine Impulse zu unterdrücken, zielt die *Selbstregulierung* darauf, die Gründe für die Impulse zu verstehen, ihre Intensität zu modifizieren und gegebenenfalls zu lernen, ihnen zu widerstehen.

Hugo kommt vom Sporttraining nach Hause und sinkt auf das Sofa: „Mama, ich habe Hunger!" Die Mutter bespricht mit ihm, dass sie gleich einen Nachmittagssnack vorbereitet und Hugo sich so lange ausruhen kann. Das Kind beschließt, derweil eine Serie anzuschauen. Kurz darauf kommt die Mutter wieder ins Wohnzimmer und schlägt ihrem Sohn eine vielfältige Auswahl an Snackangeboten vor. Der Junge guckt die Mutter überfordert an und schreit, dass er nun gar nichts mehr essen wird. Die Mutter versteht die Welt nicht mehr.

Auffällige Verhaltensweisen können ein Zeichen dafür sein, dass ein Kind gerade zu viel Stress hat. Reagiert ein Kind – oder auch wir in der Begleitung der Kinder – kopflos, unbeherrscht, harsch, übermäßig frustriert und impulsiv, weist das auf ein hohes Stressniveau hin.

Selbstregulation ist möglich, wenn wir die Stressoren erkennen, reduzieren und das Kind langfristig darin unterstützen, dies selbst zu übernehmen. Und um all das leisten zu können, brauchen wir in der Begleitung ein reguliertes Selbst und den Leitsatz: Selbstregulation vor Co-Regulation.

Der Fokus auf die Stressoren ist aus meiner Sicht sehr wertvoll, um das Kind genau zu verstehen, und er hilft uns Erwachsenen mindestens genauso, denn auch wir sind jeden Moment vielen Reizen ausgesetzt. Hugos Mutter kann die Stressfaktoren von Hugo nur erkennen, wenn sie selbst ihre eigenen identifiziert und gegebenenfalls reduziert. Dies ermöglicht es ihr, für das Kind haltgebend, aufmerksam und regulierend zu sein. Der Psychologe Stuart Shanker entwickelte hierfür eine nützliche Übersicht und teilte die Stressoren in fünf Kategorien ein: biologische, emotionale, kognitive, soziale und prosoziale.[87] Manchmal deutet ein kindliches Verhalten offensichtlich auf eine bestimmte Stressquelle hin, manchmal hingegen braucht es mehr Beobachtung und Fingerspitzengefühl, um potenzielle Stressfaktoren zu entlarven. Diese verkürzte Darstellung kann bei einer ersten Stressanalyse helfen.

Stressfaktoren und Stressquellen erkennen

Der **biologische Bereich** betrifft das Gleichgewicht zwischen Energieverbrauch und Energiereserven, einschließlich der Auswirkungen von Emotionen auf biochemische

Reaktionen. Stressfaktoren in diesem Bereich können unausgewogene Ernährung, Schlafmangel, Bewegungsmangel, motorische Herausforderungen, Lärm, Gerüche und haptische Reize sein. Ziel ist es, dass Kinder ein gesundes Gleichgewicht zwischen Ruhe und Energie finden, ohne in eine Überreizung zu geraten.

Der **emotionale Bereich** bezieht sich auf die Vielfalt von Gefühlen, die Kinder im Laufe der Zeit lernen zu verstehen, auszudrücken und sie zu beantworten. Diese Gefühle sind so eng mit neuronalen Verbindungen verknüpft, dass sie die Intensität körperlicher Empfindungen wie Schmerz beeinflussen können. Auch das Temperament eines Kindes hat Einfluss auf diesen Bereich. Stressoren in diesem Bereich sind starke, herausfordernde oder neue Emotionen, die die Selbstregulation des Kindes stark belasten können.

Der **kognitive Bereich** umfasst das Denken und Lernen, einschließlich mentaler Prozesse wie Gedächtnis, Aufmerksamkeit, Informationsverarbeitung, rationales Denken, Problemlösung und Selbstwahrnehmung. Stressoren in dieser Dimension können vielfältig sein, zum Beispiel hohe Erwartungen an die Konzentrationsfähigkeit, verminderte Reizverarbeitung oder Informationsüberflutung. Kinder, die hier belastet sind, zeigen häufig auch Symptome im biologischen und emotionalen Bereich und können Lernschwierigkeiten, Aufmerksamkeitsprobleme oder Motivationsmangel zeigen.

Der **soziale Bereich** bezieht sich auf die Fähigkeit eines Kindes, sein Verhalten in der Gesellschaft anderer anzupassen und sich in sozialen Situationen angemessen zu verhalten. Ein selbstreguliertes Kind erkennt verbale und nonverbale Signale und kann angemessen darauf reagieren. Diese Dimension kann durch verwirrende oder überfordernde soziale Situationen, zwischenmenschliche Konflikte, aggressives Verhalten und mangelndes Verständnis für die Auswirkungen des eigenen Tuns auf andere gestört werden. Hohe Erwartungen an die sozialen Fähigkeiten der Kinder können diese Dimension zusätzlich belasten.

Stressoren entlarven:

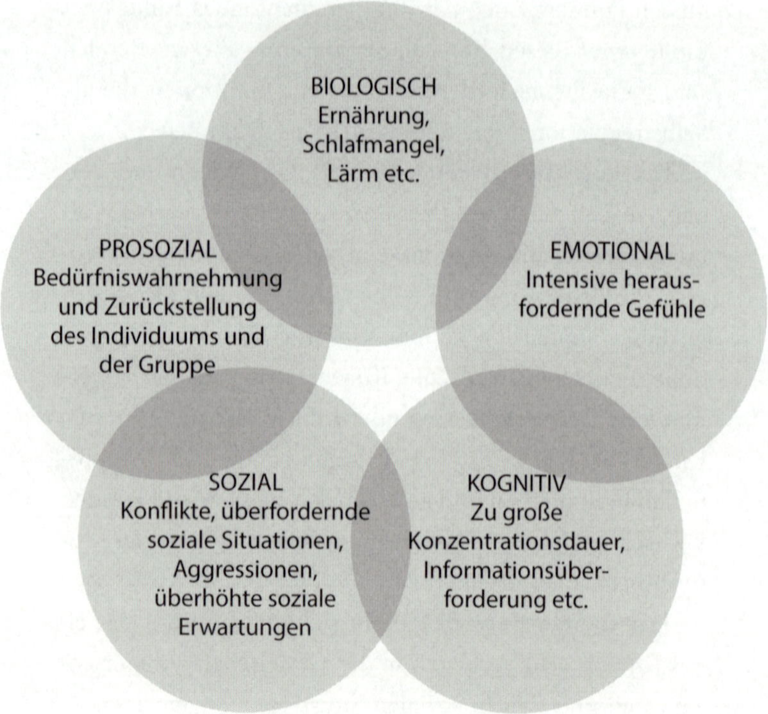

Kinder, die im **prosozialen Bereich** gut entwickelt sind, zeigen Eigenschaften wie Mitgefühl, soziale Verantwortung und die Fähigkeit, eigene Wünsche zugunsten der Bedürfnisse anderer zurückzustellen. Sie sind in der Lage, von egozentrischem Verhalten zu mehr gemeinschaftsorientiertem Handeln überzugehen.[88]

Vereinfacht dargestellt: Hugo hatte einen gefüllten Tag hinter sich und kam direkt vom Sport nach Hause. Er nahm sein Bedürfnis nach Pause und Erholung wahr und wollte sich bei seiner Serie entspannen, zudem hatte er Hunger. So waren die Stressoren in der biologischen Domäne (Müdigkeit, Hunger, visuelle Reize) sehr intensiv stimuliert. Als ihn dann seine Mutter ansprach, sorgte die Frage vermutlich dafür, dass der kognitive Bereich eine Übererregung in Gang setzte.

Um Selbstregulierung zu fördern, empfiehlt Shanker folgende fünf Schritte:[89]

1. Signale des Kindes erkennen und das Verhalten umdeuten (wütendes Schreien von Hugo).
2. Stressoren entlarven (Hunger, Müdigkeit, visuelle Reize, Geräusche, Entscheidung treffen müssen).
3. Stressfaktoren reduzieren (erst essen, dann Medien etc.).
4. Stress des Kindes erkennen.
5. Beruhigungsstrategien kennenlernen (eigene und des Kindes).

Eltern sollten das Stresslevel ihres Kindes immer im Blick behalten und ihm individuell begegnen. Die pädiatrische Psychologin Mona Delahooke schreibt: „Verkraftbarer Stress hilft Kindern – und nicht nur ihnen, sondern uns allen –, Stärken zu entwickeln und Neues zu lernen. Außerdem lernen sie dadurch, ihre Komfortzone zu verlassen und neue Fähigkeiten und Fertigkeiten zu entwickeln. Jedes Kind wird mit Stress auf eine andere Art und Weise fertig. Wichtig ist, sich darüber klar zu sein, was optimal ist – welches Maß an gutem Stress bei einem bestimmten Kind ausreicht, um alte Ängste zu überwinden oder um die Grenze einer neuen motorischen Aktivität oder eines anderen Vorgangs zu erweitern und so neue Stärken zu entwickeln.“[90] Es geht also darum, das Kind nicht zu überfordern. Sollte es hingegen vom Weg abkommen und in Erregung geraten, verstehe ich unter Führung auch, dies feinfühlig zu erkennen und durch körperliche und seelische Präsenz das Kind wieder in die sichere Bahn zu lenken. Hier sprechen wir von emotionaler Co-Regulation, auf die das Kind angewiesen ist, damit es den Fuß allmählig vom Gaspedal nehmen und die Bremse betätigen kann.

EXKURS: Neurodivergenzen – jeder Mensch ist einzigartig

Jeder Mensch ist ganz besonders und eine hoch individuelle Mischung aus Merkmalen, Prägungen, Genen, die ihn so einzigartig machen. Der Begriff Neurodivergenz beschreibt – vereinfacht dargestellt – die Vielfalt der Funktionsweisen von Gehirnen. Ursprünglich bezog sicher dieser Begriff auf Menschen aus dem Autismus-Spektrum, mittlerweile umfasst er eine breite Palette von Variationen. „Neurodivergenz bzw. Neurodiversität oder neurologische Diversität ist kein medizinischer Fachbegriff, sondern der Neologismus wird in der Psychologie dafür verwendet, um Menschen zu beschreiben, die eine neurologische Abweichung oder Unterschiedlichkeit aufweisen. Dies kann sich auf verschiedene Bedingungen oder Zustände beziehen, wie etwa Autismus, ADHS, Dyslexie, Tourette-Syndrom, Legasthenie und andere. [...] Neurodivergente Menschen weichen in ihrem Denken, Verhalten und Empfinden von der ‚Norm' ab, die von der Gesellschaft als akzeptabel oder normal betrachtet wird. Oft haben sie Schwierigkeiten, sich an soziale Normen anzupassen oder auf bestimmte Arten zu kommunizieren, was zu Missverständnissen und Diskriminierung führen kann."[91]

Und ohne an dieser Stelle intensiver auf einzelne Neurodivergenzen einzugehen, möchte ich betonen, dass individuelle Situationen und Menschen ebenso individuelle Begleitung benötigen. Und egal, ob ein Kind eine Diagnose hat oder nicht, sollten wir uns immer wieder fragen: Was zeigt mir das Kind? Worauf macht es aufmerksam? Was braucht es? Was braucht es nicht? Und ebenso sollten wir uns fragen: Was ist gerade mein Bedürfnis? Und wo sind meine Grenzen?

Und wenn wir uns in der Begleitung unseres Kindes häufig ohnmächtig, überfordert oder gestresst fühlen, dürfen wir diese eigenen Grenzen annehmen, die uns vielleicht darauf hinweisen, dass wir Unterstützung benötigen. Manchmal kann es schon ausreichen, die eigenen Stressoren, Beobachtungen, Gedanken und Unsicherheiten mit einem vertrauten Menschen oder in einer externen Beratung zu besprechen. Und während eine Abklärung der kindlichen Symptome für die eine Familie Orientierung und Sicherheit erfüllt, kann der Weg einer anderen Familie völlig konträr verlaufen. So wie es nicht das eine Kind gibt, gibt es nicht die eine Familie und nicht den einen Weg. Aber vielleicht gibt es Wegweiser, die uns ein klares Ziel für unseren täglichen Weg vor Augen führen. Dieses Ziel könnte darin bestehen, einander zugewandt zu bleiben, aufrichtiges Verständnis zu suchen und unserem Kind jeden Tag zumindest für einen Moment unsere volle Aufmerksamkeit zu schenken. Und manchmal müssen wir vielleicht einmal kräftig pusten, um unseren Blick vom Nebel zu befreien, damit wir die wundervollen Seiten wieder klarer sehen können. Sie sind da! Und durch diesen geschärften Blick passiert es, dass wir plötzlich bemerken, was das Kind gerade selbst alles „leistet", wo es sich anpasst und kooperiert. Gelingt es uns über eine längere Zeit nicht, ein kindliches Verhalten feinfühlig zu beantworten, und spüren wir, dass wir aus Überforderung und Alternativlosigkeit dazu neigen, auf gewaltvolle Muster zurückzugreifen, sollte Unterstützung hinzugezogen werden. Hilfe suchen ist immer Ausdruck von Stärke!

Leuchtturm 6: Werte als Richtungsweiser

Im vorigen Kapitel haben wir uns bereits mit unseren Werten beschäftigt, die uns eine Hilfe dabei sein können, in herausfordernden Momenten zu prüfen, wo wir genau stehen und wie wir uns verhalten wollen. Das gibt uns Sicherheit und kann enorm helfen, unseren inneren Stress zu reduzieren. Im Folgenden erläutere ich einige Werte etwas genauer. Schau bitte unbedingt, welche dieser Werte für dich im Alltag richtungsweisend sind. Achte gleichzeitig gerne darauf, dass du deine Werte nicht mit Härte vertrittst und dass sie nicht wichtiger werden als die Menschen, die du liebst.[92]

Gleichwürdigkeit

Dieser Wert ist für mich der größte Entwicklungsbaustein meiner Elternschaft und ich (er)lebe täglich neue Herausforderungen mit ihm. Ich erinnere mich an ein Gespräch mit meinem Vater, der zu mir sagte: „Aber die Kinder können doch nicht alles entscheiden, sie sind doch nicht gleich!“ Darin liegt ein Trugschluss, denn es geht nicht darum, dass Kinder und Erwachsene die gleiche Macht haben, die liegt bei den Erwachsenen. Unter Gleichwürdigkeit verstehen wir, dass wir alle Menschen – unabhängig von Alter, Herkunft etc. – gleich ernst nehmen und dass wir die Interessen, Gefühle und Bedürfnisse aller Menschen einbeziehen. Sätze wie: „Dafür bist du noch zu klein!“ oder: „Die Idee ist aber großer Blödsinn!“ sind nicht Ausdruck von Gleichwürdigkeit. Bedürfnisse gleichwürdig gegenüberzustellen gelingt, indem wir das wichtige Wort „und“ statt „aber“ nutzen. Es geht nicht darum, dem Kind jeden Wunsch zu erfüllen, sondern dem Wunsch des Kindes den gleichen Wert einzuräumen wie dem meinen. Wir versuchen, das Bedürfnis hinter dem Wunsch zu verstehen, gestehen dem Kind dieses zu, wägen ab und treffen dann eine Entscheidung. Zeigt ein Kind sich mit unserer Entscheidung nicht einverstanden und versucht nachzuverhandeln oder ärgert sich, ist dies ein sehr natürliches und gesundes Verhalten. Ich als Elternteil darf Dinge ablehnen und das Kind darf dies richtig doof finden!

Gewaltlosigkeit

> *„Gewaltlosigkeit wird dann auf die Probe gestellt, wenn sie Gewalt gegenübersteht.“* (Mahatma Gandhi)

Dieses Zitat liebe ich sehr, denn insbesondere in Momenten, in denen wir mit intensiven Gefühlen oder gar Aggressionen konfrontiert werden, ist es die große Herausforderung, auf diese nicht ebenso mit Aggression zu reagieren. Wir sind es vielleicht gewohnt, auf Schreien mit Schreien zu reagieren oder auf eine Beleidigung zurückzubeleidigen. Das bringt uns jedoch nicht weiter und zeigt dem Kind: Gewalt ist okay. Aber das ist sie nicht! Auch dann nicht, wenn wir sie selbst in welcher Form auch immer erfahren (haben). Es ist an der Zeit, den Reiz nicht in ähnlicher Form zu erwidern, sondern klar zu zeigen: Ich bin für dich da und ich möchte verstehen, was du brauchst. Und gleichzeitig schütze ich mich und bringe zum Ausdruck, wenn meine Grenze überschritten wird. Als kleine Erinnerung: Kinder, die sich intensiv und aufgebracht zeigen (oder sich zurückziehen), kämpfen für die Erfüllung ihrer Bedürfnisse und sind in diesem Moment schlichtweg überfordert und können es noch nicht besser. Sie brauchen ein Vorbild, das ihnen demonstriert, wie mit tobenden Stürmen umgegangen werden kann. Wir haben die Freiheit, unsere Reaktionen zu überdenken und auf den Reiz, der oft wie in Blitz in uns einschlägt, nicht mit einem Donner zu reagieren. Denk daran, dass es uns selbst auch so geht, wenn wir impulsiver reagieren, als wir wollten: Statt durch ein Augenrollen oder einen schmerzhaften Spruch wie „Krieg dich mal ein!“ kommen wir schneller wieder bei uns an, wenn ein nahestehender Mensch uns ein verständnisvolles Lächeln oder eine Schulter zum Anlehnen schenkt. Gemäß dem Satz: „Liebe mich am meisten, wenn es dir am schwersten fällt, denn dann brauche ich es umso mehr!“

Fehlerfreundlichkeit

Für unser Kind ist es wichtig zu spüren, dass ein geliebter Mensch stets bemüht ist, für es da zu sein. Dieses Vertrauen wird als entscheidend für seine Fähigkeit angesehen, in der Zukunft erfüllende Beziehungen einzugehen. „Beziehungen sind der eigentliche Ort, an dem Leben stattfindet."[93] Viele Eltern streben danach, immer feinfühlig zu sein und in der Elternschaft keine Fehler zu machen. Ein Kind braucht keine perfekten, sondern „ausreichend gute" Bindungspersonen, denn wir wissen, dass es „perfekt" in Beziehungen nicht gibt und uns dieser Anspruch mächtig unter Druck setzt. Ein lebendiges und authentisches Familienleben funktioniert besser, wenn wir anerkennen, dass wir alle Fehler machen, dass wir diese wiedergutmachen und aus ihnen lernen können. Hoffmann et al. fassen dies wie folgt zusammen: „Niemand ist vollkommen und insofern ist eine Beziehung, in der Perfektion erwartet wird, zum Scheitern verurteilt. Eine Beziehung zwischen zwei Menschen, die verstehen, dass sie menschliche Bedürfnisse haben und dass Schwierigkeiten unvermeidbar sind, und die dies dazu nutzen, etwas über Ähnlichkeiten und Unterschiede zu erfahren, birgt ein unbegrenztes Potenzial für Wachstum und Erfüllung."[94]

Integrität

Integrität bedeutet, dass in einer Familie die Persönlichkeiten der Kinder und Erwachsenen gewahrt werden. Verhalten wir uns integer, handeln wir entsprechend unserer Werte, Gefühle, unserer persönlichen Grenzen und Bedürfnisse und stimmen unser Tun mit diesen ab. Es geht darum, uns selbst kennenzulernen und zu fragen: Wer bin ich? Wofür stehe ich? Was brauche ich? Stelle ich meine Bedürfnisse zu sehr zurück, um den Frieden zu wahren, spürt ein Kind das, und wir sind kein gutes Vorbild. Wir leben ihm mangelnde Integrität vor, was zur Folge haben kann, dass es ihm später schwerfällt, seine Grenzen zu wahren und eigenverantwortlich zu handeln.

Authentizität

Wollen wir den Begriff Authentizität verstehen, können wir uns fragen: Wann bin ich nicht authentisch? Immer dann, wenn ich eine Maske aufsetze und verstecke, was eigentlich in mir vorgeht. Das vermeintlich Unsichtbare ist für Kinder jedoch spürbar, und so entgeht es ihnen nicht, wenn wir mit einem Lächeln versuchen, unsere Traurigkeit zu überspielen, oder wenn wir Wut und Ärger runterschlucken. Kinder sind Seismografen, und wenn wir nicht authentisch sind, irritiert und verunsichert sie das, und die Nähe zwischen uns geht verloren. Stattdessen sollten wir alle unsere Gefühle ernst nehmen und wie bei einem Kompass prüfen, was diese uns sagen möchten.

Leuchtturm 7: Brüche reparieren

Es wird vermutlich immer wieder Situationen geben, in denen wir anders reagieren, als wir es wollen. Irgendetwas bringt das Fass zum Überlaufen, und wir wählen harsche Worte oder verhalten uns sogar gewaltvoll, und hinterher spüren wir, dass das nicht richtig war. Kinder erleben dann mitunter unangenehme Gefühle, weshalb es so wichtig ist, dass wir den heilenden Weg der Wiedergutmachung gehen.

Denn wenn wir die Kinder mit diesen überwältigenden Gefühlen allein lassen, so erläutert es die Psychologin Becky Kennedy im Buch *Good Insight*, kann das fatale Folgen haben. Kinder wählen in diesen Momenten zwei Bewältigungsstrategien: Selbstzweifel und Selbstvorwürfe. Mit den Selbstzweifeln versuchen sie, wieder Sicherheit zu erhalten, indem sie sich einreden, das Geschehene sei nicht passiert, nicht real. Dadurch schützen sie sich vor den intensiven und schmerzhaften Gefühlen, die sie fühlen müssten, wenn sie akzeptieren würden, was sie erlebt haben. „Selbstzweifel sind eine Möglichkeit zur Flucht und Selbsterhaltung.“[95] Die Kehrseite davon ist, dass das Kind seinen eigenen Empfindungen nicht glaubt und abspeichert: Andere Menschen wissen besser, was in mir vorgeht. Werden Konfliktsituationen nicht besprochen, können nach Kennedy in der nächsten Stufe Selbstvorwürfe entstehen. „Selbstvorwürfe verschaffen dem Kind das Gefühl, die Kontrolle zu haben. Denn solange es sich selbst überzeugt, ein schlechtes Kind zu sein, das schlechte Dinge tut, kann es ja etwas verändern.“[96] Nach einer ungünstig gelaufenen Situation geht es also darum, sich mit dem Kind zu verbinden und Sicherheit und Harmonie wieder herzustellen. Wie kann das gelingen? Um mit echtem Interesse und ohne Rechtfertigung wieder in Kontakt zu gehen, ist es wichtig, dass du überprüfst, wie es dir geht. Gehe an den Moment zurück, an dem das Fass übergelaufen ist und du vielleicht grobe Worte gewählt hast. Sei zugewandt und präsent. Und anstatt von „Schuld“ zu sprechen, sollten wir die Verantwortung für die entstandene Situation tragen: Was hat mich so reagieren lassen? Was brauche ich? Zeige deinem Kind, dass es unsere Reaktion nicht „verursacht" hat. Das gelingt uns, wenn wir unsere Kinder rechtzeitig an unseren Empfindungen teilhaben lassen. Du kannst zum Beispiel sagen: „Meine Gefühle waren plötzlich so stark, dass ich laut geworden bin. Das ist nicht deine Schuld, sondern ich brauche etwas Ruhe und passe besser auf mich auf!" Oder: „Oh, ich bin gerade verärgert wegen meiner Arbeit. Es tut mir leid, dass ich so unfreundlich reagiert habe. Ich will mir nun einen Tee kochen und eine Pause machen. Danach lesen wir das Buch weiter." So kann der Bruch repariert werden, das Kind kann seine emotionale Sicherheit zurückerlangen und seine Erinnerungen verändern. Dabei erhält das Kind außerdem ein wertvolles „Lerngeschenk", wie es die Autorinnen des Buches *Aufwachsen in Geborgenheit* bezeichnen. Es erlebt, dass ein Fehler oder ein Bruch nicht das Ende der Welt bedeuten und dass man Brüche wieder reparieren kann, eine wichtige Erfahrung für die Qualität seiner zukünftigen Beziehungen.[97]

Vielleicht liest du diese Zeilen mit etwas Wehmut oder Trauer, da du bisher andere Wege gegangen bist und dein Kind mit Strenge und Strafen begleitet hast. Ich möchte dir ganz liebevoll mitteilen, dass es für Veränderungen nie zu spät ist. Beziehungen profitieren immer von Momenten der Verbindung und können sich auch nach Jahren verändern. Und selbst im Erwachsenenalter können Gespräche über weit zurückliegende Fehler im Körper gespeicherte Erinnerungen abmildern und kleine Wunder bewirken.[98]

Leuchtturm 8: Wertschätzung

Mein letzter Anker ist der allerschönste und wichtigste zugleich: Ich möchte dich daran erinnern, jeden Tag deinen Weg im Ganzen zu betrachten und mit Stolz anzuerkennen, was du leistest. Elternsein mit all seinen Facetten und Aufgaben ist nichts, was nebenbei gelingt. Es ist Entwicklung auf so vielen Ebenen; und Elternschaft macht keine Pause, es geht jeden Tag weiter. In meiner Elternbefragung erlebte ich einige Überraschungsmomente, auch Erstaunen und Gänsehaut angesichts der vielen Beschreibungen individueller herausfordernder und kraftspendender Situationen. Und nun möchte ich mit dir einen Edelstein teilen!

Ich fragte auch: **Wärst du gern Kind in eurem Zuhause?** Als ich diese Frage mit aufnahm, war ich anfangs unsicher und auch etwas besorgt, denn ich nahm viele Elternteile als überaus selbstkritisch und streng mit sich wahr. **Zu meiner großen Freude sagten 85,5 Prozent, sie wären gern bis sehr gern Kind im eigenen Hause!**

Lass diese Zahlen ein Spiegel sein, der dir zeigt: Du bist mehr als gut genug. Dein tägliches Engagement, deine Zuwendung und deine Bereitschaft, jeden Tag das bestmögliche Elternteil für die dir anvertrauten Kinder zu sein, verdienen Anerkennung und Wertschätzung. Perfektion ist kein Teil dieses Prozesses; das Menschsein an sich ist es, was zählt. Denke immer daran: **In jedem Moment, in dem wir uns einander in Achtsamkeit zuwenden, säen wir wertvolle Samen für die Zukunft. Du machst damit einen unfassbaren Unterschied in dieser Welt, in der**

wir Mitgefühl und Verbindung stärken. Wäre es nicht wundervoll, wenn unsere Kinder und Enkelkinder auf diese Weise verlernen würden, was körperliche und seelische Gewalt ist? Stattdessen könnten sie in einem Miteinander leben, in dem sie sich auf selbstverständliche Weise den eigenen und den Gefühlen, Bedürfnissen sowie Grenzen anderer zuwenden und wahrhaftig daran interessiert sind, was sie selbst und die Mitmenschen fühlen und brauchen.

6. Einfache Wege aus Hilflosigkeit und Überforderung: Tools für deinen Alltag

In diesem abschließenden Kapitel habe ich für euch praktische Tools und Anregungen zum Ausprobieren im Alltag gesammelt. Einige dieser Tools haben wir bereits im Buch kennengelernt, andere stelle ich hier in Kürze vor. Es sind kleine praktische Helfer, die dich dabei unterstützen, für einen Moment aus der Spirale des Alltags auszusteigen, den inneren Druck und die gesellschaftlichen Begrenzungen hinter dir zu lassen und eine zugewandte Haltung einzunehmen, ein Ja zu uns und unserem Kind!

Die Glaskaraffe

Setze dich mit einer Kanne Wasser und einem Glas zu deinem Kind, während es spielt. Trinke das Wasser in Ruhe Glas für Glas aus. Sei ohne Ablenkungen, zum Beispiel durch das Handy. Nimm den Moment wahr und übe dich im „Mit-Sein", in Präsenz. Vielleicht wird sich dein Kind dir zuwenden und fragen: „Was machst du da?" Eine Antwort könnte sein: „Ich interessiere mich für das, was du tust. Ich bin gern bei dir." Vielleicht folgt darauf eine Spieleinladung, vielleicht genießt dein Kind auch einfach nur den Moment. Die Botschaft, die diese Situation trägt, ist ein Interesse für das Gegenüber, frei von Erwartungen, Aufgaben, Inhalten. Häufig werden wir aufmerksam, weil uns ein Verhalten irritiert oder weil wir dazu aufgefordert werden. Teilen wir hingegen unaufgefordert unsere Aufmerksamkeit, schenken wir Anerkennung, Wertschätzung und Zeit, ohne dass das Kind aus einem Mangel heraus beginnt, darum zu kämpfen. Folgen wir den Kindern in ihrem Tun, sind sie ebenso interessiert, unserem Tun zu folgen. Diese kleinen Einheiten können bewusst und nach eigenem Ermessen in den Alltag integriert werden, dann, wann es sich für euch passend anfühlt. Aus einem: „Ich muss noch die Wäsche aufhängen!" kann werden: „Ich trinke eine kleine Flasche Wasser bei dir, und danach hänge ich die Wäsche auf." Und wer weiß, vielleicht macht ihr das im Anschluss zusammen.

Die Eieruhr

Bestimmt kennst auch du diese Situation: Du hast den Kopf randvoll und noch viel zu erledigen, und dein Kind bittet dich, mit ihm (je nach Alter) zu spielen. Du möchtest dir gerne die Zeit nehmen, deine innere Unruhe lässt es aber nicht zu. An dieser Stelle kann eine Eieruhr unterstützend sein. Teile deinem Kind mit, was gerade in dir vorgeht, und fühle dich ein. Vielleicht sagst du etwas wie: „Ich bin angespannt, da ich noch die Wäsche aufhängen und das Abendessen vorbereiten möchte. Ich sehe, dass du auch gern mit mir das Spiel spielen magst. Ich habe eine Idee!" Nun kommt die Eieruhr ins Spiel. „Ich hole die Eieruhr und komme zu dir. Gemeinsam stellen wir die Zeit und ich bin bei dir, bis es klingelt, und erledige dann die Dinge."

Für Kinder (eigentlich für alle Menschen) ist es ein Geschenk der Wertschätzung, wenn wir unsere Zeit teilen, ohne zu vermitteln, dass es eine Last sei. Die Eieruhr kann uns dabei helfen, zu einer begrenzten Zeitspanne „Ja" zu sagen, und lässt das Kind an unserem Innenleben teilhaben. Wichtig ist, dass wir nur Ja sagen, wenn wir auch Ja meinen. Achte dabei darauf, ob du deine Bedürfnisse aufschieben kannst. Manchmal sind sie so dringend und das eigene Stressfass schon so voll, dass wir zu etwas Ja sagen und eigentlich Nein meinen. Fühl in dich, ob du sie aufschieben kannst und dazu bereit bist. Das Kind kann uns diese Entscheidung nicht abnehmen und ist darauf angewiesen, dass wir für uns verantwortlich handeln. Und vermutlich wird es frustriert sein, wenn wir es vertrösten. Es beobachtet aber auch, dass wir Bedürfnisse entsprechend ihrer Dringlichkeit abwägen und bewusste Entscheidungen fällen. „Ich merke, dass ich erst unbesorgt spielen kann, wenn ich die Wäsche fertig habe. Ich hänge sie auf und komme dann gleich zu dir. Wenn du bei mir sein magst, komm doch mit und wir spielen dabei ‚Ich sehe was, was du nicht siehst'."

Die rosarote Brille

Wenn du manchmal das Gefühl hast, in einer Sackgasse festzustecken und das Kind in einem negativen Licht siehst, möchte ich dich dazu ermutigen, die „rosarote Brille" aufzusetzen. Schau durch diese Brille und notiere all die positiven Aspekte, die dir zu deinem Kind einfallen. Denk an es wie an eine warme Dusche mit glitzerndem Duschgel. Plötzlich wirst du vielleicht sehen: Ellas Freundin ist gerade umgezogen, und sie zeigt ihre Gefühle. Seit Kurzem schläft sie allein ein. Ihr Lachen bringt die Sonne zum Strahlen, und sie hat ein unglaublich freundliches Gemüt.

Sicherlich gibt es viele Dinge, die dein Kind ausmachen. Durch die rosarote Brille betrachtet, wird es einfacher, herausforderndes Verhalten zu verstehen und das Kind zu unterstützen. Schließlich streben wir alle danach, gesehen und geschätzt zu werden. Lenke also deinen Blick bewusst auf die Dinge, die dein Kind gerade meistern muss, und vermeide Vergleiche mit anderen Kindern. Das ist für das Kind ähnlich unangenehm wie für uns, wenn wir mit dem/der Ex verglichen werden, der/die viel besser kochen konnte.

Selbstregulation vor Co-Regulation

Alles beginnt immer bei uns. Möchtest du dein Kind in seinen Gefühlen begleiten, brauchst du Gelassenheit. Auch dies möchte ich noch einmal in Kürze zusammenfassen:

- Erkenne herausfordernde Reize: Beobachte, was dich stressen oder herausfordern kann, sei es die Wut des Kindes, Lärm oder andere Faktoren.
- Spüre deinen eigenen Stress: Achte bewusst auf körperliche Reaktionen, um frühzeitig gegenzusteuern.

- Beobachte deinen Körper: Verfolge, wie sich Stress in dir ankündigt, zum Beispiel durch einen schnelleren Herzschlag oder Druck in der Brust.
- Drücke die „S-t-o-p-p-Taste“: Erkenne, dass zwischen einem Reiz und deiner Reaktion darauf ein Moment der Freiheit existiert. Du entscheidest, wie du handelst.
- Bereite eine Exit-Strategie vor: Denke an bewährte Techniken wie das Zählen bis 10, bewusstes Atmen, Singen oder Summen, um dich zu beruhigen.
- Beobachte deine Gedanken: Achte auf deine inneren Dialoge. Positive Gedanken und Affirmationen können deine Denkmuster verändern und dir helfen, ruhig zu bleiben. Denke daran, dass es in herausfordernden Momenten wichtig ist, unterstützend zu denken.

Bleibe achtsam: Mit diesen Schritten kannst du Überreaktionen verhindern oder rechtzeitig stoppen, um ruhig und besonnen zu handeln.

Weniger ist mehr

Das Internet und die sozialen Medien sind randvoll mit den ultimativen Tipps für die perfekte kindliche Entwicklung, von Bastel- bis Rezeptideen, vegan und bio. Das schlechte Gewissen läuft da gern mal auf Hochtouren. Natürlich ist es toll, wenn die Kinder ausgestochene Herzbrote mit selbst gemachtem Aufstrich bekommen und ein selbst genähtes Faschingskostüm tragen. Toll, aber nicht notwendig, und für unsere Kinder (in der Regel) auch absolut nicht wichtig. Was ihnen vielmehr in Erinnerung bleiben wird, ist die Atmosphäre, unser Miteinander. Frage dich also ganz bewusst: Was ist dir wichtig? Was ist für dein Kind und deinem Kind wichtig? Was kannst du davon umsetzen, ohne dass du drohst zu erschöpfen? Entscheide abhängig von deinen Ressourcen und Schwerpunkten, was du leisten kannst und willst und was nicht. Ist dir die Ernährung wichtig, dann kochst du vielleicht am Abend vor und machst Abstriche beim Kostüm und bestellst das online. Aber auch Tiefkühlpizza statt Bio-Lasagne, das Kostüm vom letzten Jahr und ein Hörspiel statt dem Buch am Abend, verbunden mit einer festen Umarmung, sind wohltuend. Oft ist weniger auch einfach mehr, dafür bewusst und verantwortungsvoll abgewogen. Und ein Nein zu etwas, ist gleichzeitig ein Ja zu etwas anderem.

Affirmationen

Unsere Gedanken haben einen großen Einfluss auf unsere Art zu handeln. Affirmationen können hier sehr viel bewirken. Das sind bestärkende Sätze, die dabei helfen, positive Gedanken zu fördern und negative innere Sätze und Zweifel zu reduzieren bzw. zu verwandeln. Es braucht viele Wiederholungen und etwas Zeit, die Sätze können aber unsere innere Haltung stark verändern. Ich selbst arbeite seit Jahren mit Affirmationen, und sie sind eines meiner Lieblingstools.

Spüre in herausfordernden Momenten, welche inneren Stimmen in dir auftauchen, schreibe dir diese auf und verwandle sie in für dich förderliche, positive Stimmen. Meine hilfreichste Affirmation nutze ich, wenn ich das Verhalten eines Menschen nicht verstehe und spüre, wie ich aus Unverständnis ärgerlich werde. Ich kann den Sturm richtig toben lassen und schimpfen und verurteilend sein, das bringt mich hingegen selten weiter. Dann denke ich gerne: „Der Mensch kämpft nicht gegen mich, sondern für sich. Er/sie versucht mit dem Verhalten, ein Bedürfnis zu erfüllen."

Und du weißt ja, Kinder brauchen keine perfekten Eltern, sondern Menschen, die sich ihrer selbst bewusst sind. Statt „Immer arbeite ich, ich habe nie Zeit!", sage dir doch mal: „Am Wochenende spielen wir zusammen und ich mag meine Arbeit gern!" Es geht viel mehr Gleichzeitigkeit, als wir denken.

Gläsermethode

Wenn du deine Zeit und Energie besser einteilen möchtest, kannst du dies visuell mit Gläsern darstellen: Stelle transparente Gläser nebeneinander auf und beschrifte sie mit den Bereichen, für die du täglich Zeit und Energie benötigst. Dann nimm eine Flasche mit etwa 500 Milliliter Flüssigkeit, die deine Tageszeit oder Energie darstellen soll. Gieße diese Flüssigkeit in die Gläser, um zu visualisieren, wie viel Zeit und Energie du jedem Bereich widmen möchtest. Spiele mit der Verteilung, bis sie für dich stimmig ist. Dieses einfache Tool hilft dir, deine Prioritäten zu setzen und sicherzustellen, dass du genug Zeit für die Dinge hast, die dir wichtig sind, ohne dich zu überfordern.

Die Zeit zurückdrehen

Es gibt Situationen, in denen intensive Gefühle uns in einen Wirbelsturm verwandeln. Werden sich Kinder dessen bewusst, überkommt sie manchmal zusätzlich ein Gefühl der Scham, und sie kämpfen um ihre Würde. Mit dem Tool „Zeit zurückdrehen" kann dein Kind einen Ausweg üben. Entstanden ist die Idee, als ich selbst einmal erschöpft von der Arbeit nach Hause kam. Die Stimmung war ausgelassen und entspannt. Ich hingegen begann zu meckern, weil irgendetwas im Weg lag. Ich machte aus jeder Mücke einen Elefanten. Als ich dies bemerkte, drückte ich bewusst auf die Stopp-Taste, blickte mein Kind an und sagte: „Bitte warte kurz! Ich probiere es noch mal anders." Ich ging noch einmal zur Tür hinaus und schloss ähnlich wie im Theater die Tür erneut auf. Ich atmete tief ein und aus und sagte: „Uff, ich bin ganz schön erschöpft. Ich koche mir erst mal einen Tee und komme an. Dann setze ich mich zu euch."

Mit dem Tool können wir drei Schritte zurückgehen, eine Situation neu betrachten und eine kopflose Handlung in einer konstruktive verwandeln. Durch diese Übung verstärken sich Verbindungen im Gehirn langfristig, und es entwickeln sich neue Verhaltensstrategien. Als mein Kind einmal einen Gefühlssturm erlebte, fragte ich dieses: „Wollen wir die Zeit zurückdrehen?", und es probierte es aus, ganz ohne Scham und mit dem Bewusstsein, dass wir alle hin und wieder von unseren Gefühlen überwältigt werden.

Der Eisberg

Dies lässt mich auch zu meinem nächsten Tool überleiten, eines, was ich gefühlt immer in meiner Hostentasche bei mir trage. Immer dann, wenn ich ein Verhalten nicht verstehe, denke ich an den Eisberg und wie wichtig es ist, nicht nur das sichtbare Verhalten (die Eisbergspitze) zu betrachten, sondern auch unter die Wasseroberfläche zu blicken. Denn auch wenn das Verhalten unsere Aufmerksamkeit anzieht und uns auffordert, darauf zu reagieren, wissen wir, dass sich das Eigentliche unter der Wasseroberfläche verbirgt. Möchten wir ein Verhalten also verstehen und andere Strategien anbieten, müssen wir das Unsichtbare sichtbar werden lassen und die Gefühle und Bedürfnisse des Kindes übersetzen. Zum Beispiel: Ein Kind schubst ein anderes, weil es sich nach Kontakt und Spiel sehnt. Unterstützen kann dich bei dieser „Übersetzungsarbeit" dein Einfühlungsvermögen und das Ja-Mantra.

Das Ja-Mantra

Um gemeinsam mit deinem Kind herauszufinden, was es braucht, kann dir die „Empathie-Schleife“ helfen, auch als „Ja-Mantra“ bekannt. In dieser Schleife gibst du deinem Kind Beispiele für Bedürfnisse, bis es versteht, was gerade mit ihm los ist. Besonders junge Kinder benötigen Zeit, bis sie Worte für ihre Gefühle und Bedürfnisse finden. Die Empathie-Schleife funktioniert so: Du formulierst Gefühle und Bedürfnisse, die dein Kind oder du selbst haben könnten. Dein Kind antwortet mit „Ja“ oder „Nein“. Je mehr Empathie du zeigst, desto mehr wird es zustimmen können und sich entspannen.

Manchmal sind mehrere Schleifen der Empathie notwendig, bis dein Kind sich verstanden und akzeptiert fühlt. Dabei bewegt sich die Schleife zwischen den Gefühlsausbrüchen des Kindes und der verbalen Anerkennung seiner Gefühle und Bedürfnisse durch dich. Bedürfnisse „schreien“ so lange, bis sie gesehen werden und zur Ruhe kommen. Zum Beispiel drückt Wut das Bedürfnis nach Akzeptanz, Wertschätzung und Verbindung aus. Es geht darum, alles – auch die Wut – anzuerkennen und angenommen zu werden.[99]

Ja-Umgebung & Zeit

Kinder sind oft mit vielen Regeln und Einschränkungen konfrontiert. Um ihre Autonomie und ihr Selbstbewusstsein zu fördern, ist es hilfreich, Zeit einzuplanen und eine Umgebung zu schaffen, in der sie sich frei entwickeln und sein können. Prüfe, ob es ausreichend Situationen im Tagesgeschehen gibt, in denen dein Kind selbstständig Entscheidungen treffen kann, beispielsweise über Aktivitäten, den Speiseplan und Tagesstrukturen. Stelle sicher, dass die Umgebung entsprechend des Alters und der Entwicklung deines Kindes einladend und positiv ist. Es ist natürlich wichtig, Kinder vor Gefahren zu schützen, aber wenn sie ständig mit „Nein!", „Achtung!" oder „Lass das!" konfrontiert werden, kann das zu unnötigen Einschränkungen und Frustrationen führen, und das Kind kann seinen Entdeckergeist nicht entfalten. Biete Alternativen: Statt sofort „Nein" zu sagen, versuche, deinem Kind Alternativen aufzuzeigen. Indem du regelmäßige „Ja-Einheiten" einbaust, stärkst du das Selbstvertrauen und die Unabhängigkeit deines Kindes, was ihm bei der gesunden Entwicklung hilft und dir auch jede Menge Stress nimmt. So ein „Ja-Nachmittag" kann recht lustig sein. Wir haben das letzte Mal Marshmallows auf dem Herd gegrillt und dann im Wohnzimmer gepicknickt.

Das Handmodell zur Selbstregulation

Mit dem Handmodell von Daniel Siegel kannst du die Selbstregulation von Kindern sowie auch deine eigene verstehen. Stelle dir eine geschlossene Faust vor, in der die Fingerspitzen sichtbar sind. Dies repräsentiert ein entspanntes Gehirn, in dem beide Gehirnhälften integriert arbeiten. In stressigen Momenten kann es zur Übererregung kommen. Dann klappen die Finger nach oben, die Amygdala übernimmt die Kontrolle. Das Kind kann sein Verhalten nicht mehr planen und reagiert impulsiv. Verstehen wir dieses Modell, können wir Kinder besser begleiten und darin unterstützen, ihre Gefühle zu regulieren, während ihr Gehirn sich entwickelt.

Literaturverzeichnis

Ahnert, L. & Thiel, C. (2020). Wieviel Mutter braucht ein Kind? Über Bindung, Bildung und Betreuung in den ersten Lebensjahren (1. Auflage). Beltz.

Ainsworth, M. D. S. (1977). Entwicklung der Lernfähigkeit in der sozialen Umwelt (K. E. Grossmann & W. R. Charlesworth, Hrsg.; Dt. Orig.-Ausg). Kindler.

Becker-Stoll, F., Beckh, K. & Berkic, J. (2018). Bindung – eine sichere Basis fürs Leben: Das große Elternbuch für die ersten 6 Jahre. Kösel.

Bergstermann, K. & Hofer, A. (2022). „Bei meinem Kind mache ich das anders": Mit den (Schwieger-)Eltern über Erziehung sprechen und den eigenen Weg gehen (1. Auflage). Beltz.

Cloos, P., Kalicki, B., Lamm, B. & Leyendecker, B. (2022). Gemeinsam an einem Strang ziehen: Zusammenarbeit mit vielfältigen Familien in der KiTa (2., durchgesehene und aktualisierte Auflage). Verlag Herder.

Delahooke, M. (2020). Mehr als Verhalten: Neurowissenschaft und Mitgefühl helfen, Verhaltensprobleme von Kindern zu verstehen und zu lösen (T. Kierdorf & H. Höhr, Übers.). G.P. Probst Verlag.

Fröhlich, L. (2020). Die Frau fürs Leben ist nicht das Mädchen für alles: Was Eltern gewinnen, wenn sie den Mental Load teilen. Kösel.

Fröhlich-Gildhoff, K., Mischo, C. & Castello, A. (2015). Entwicklungspsychologie für Fachkräfte in der Frühpädagogik (3. Aufl). Carl Link.

Fuchs, S. (2012). Arbeitspapiere zur Internationalen Politik und Außenpolitik. Als Kind geliebte Menschen fangen keine Kriege an: Plädoyer für einen offenen Blick auf die Kindheitsursprünge von Kriegen. https://ib.uni-koeln.de/fileadmin/templates/publikationen/aipa/AIPA_4_2012_FINAL_01.pdf (Abrufdatum: 06. März 2024).

Gefühls- und Bedürfnisfinder für Therapie und Coaching (2020): Gefühle & Bedürfnisse finden und benennen – sich verstehen, verstanden werden, Empathie geben (DIN A4, laminiert). (2017).

Gilbert, P. & Andrews, B. (Hrsg.) (2011). Shame: Interpersonal behavior, psychopathology, and culture (Nachdr.). Oxford University Press.

Grawe, K. (2004). Neuropsychotherapie. Hogrefe.

Grolimund, F. & Rietzler, S. (2023). Ich liebe dich, so wie du bist: Die Gefühle unserer Kinder verstehen, annehmen und liebevoll begleiten. Verlag Herder.

Harms, T. (2016). Emotionelle Erste Hilfe: Bindungsförderung – Krisenintervention – Eltern-Baby-Therapie. Psychosozial Verlag.

Hehn-Oldiges, M. & Ostermann, B. (2020). Ampeln und andere Ermahnungssysteme – problematische Strate gien zur Erziehung. https://paedagogische-beziehungen.eu/wp-content/uploads/2020/04/Hehn-Oldiges-Ostermann_longVersion-1.pdf (Abrufdatum: 06. März 2024).

Helle, G. & Fløgstad, T. R. (2020). Schaut mal, wie ich lerne! Das Zusammenspiel von Körper und Gehirn in der frühkindlichen Entwicklung (K. Zöllner, Übers.). Bananenblau.

Henry-Huthmacher, C. (2008). Eltern unter Druck: Zusammenfassung der wichtigsten Ergebnisse der Studie. In M. Borchard (Ed.), Eltern unter Druck: Selbstverständnisse, Befindlichkeiten und Bedürfnisse von Eltern in verschiedenen Lebenswelten (S. 1-24). Berlin, Boston: De Gruyter Oldenbourg. https://doi.org/10.1515/9783828260092-001

Hoffman, K., Cooper, G., Powell, B. (2019). Aufwachsen in Geborgenheit: Wie der „Kreis der Sicherheit“ Bindung, emotionale Resilienz und den Forscherdrang Ihres Kindes unterstützt (L. Baumann, Übers.). Arbor Verlag.

Hohmann, K. (2020, Februar 17). Verhaltensampeln als Bewertungselement in Kita & Schule. https://kindheiterleben.de/verhaltensampeln-als-bewertungselement-in-kita-schule/ (Abrufdatum: 06. März 2024).

Hohmann, K. (2022). Augenhöhe statt Strafen: Beziehungsstark in Kita, Krippe und Kindertagespflege. Verlag Herder.

Hohmann, K. & Wollny, A. L. (2022). Affirmationen-Kartenset Gemeinsam & gestärkt durch die Wut (1. Auflage). edition claus.

Hombach, S. M. (2023, September). Selbstreflexion. Entdeckungsreise ins Ich. Spektrum der Wissenschaft, Gehirn&Geist (9/2023), 36–39.

Juul, J. (2017). Die kompetente Familie: Neue Wege in der Erziehung. Das familylab-Buch (Nachdr.). Beltz.

Juul, J. (2022). Aus Erziehung wird Beziehung: Authentische Eltern – kompetente Kinder (I. Szöllösi, Hrsg.; Taschenbuchausgabe). Verlag Herder.

Juul, J. (2024). Leitwölfe sein: Liebevolle Führung in der Familie. Mit einem Vorwort von Susanne Mierau (12. Auflage). Julius Beltz GmbH & Co. KG.

Kennedy, R. (2023). Good Inside – Das Gute sehen: Wie wir die Eltern werden, die wir sein wollen – #1 New York Times Bestseller. Kösel.

Kohn, A. (2019). Liebe und Eigenständigkeit: Die Kunst bedingungsloser Elternschaft, jenseits von Belohnung und Bestrafung (C. Kolarik, Übers.; 9. Auflage). Arbor Verlag.

Luerweg, F. (2023). Seelisches Leid. Gehirn&Geist, Spektrum der Wissenschaft (9/2023), 54–59.

Maywald, J. (2019). Gewalt durch pädagogische Fachkräfte verhindern. Verlag Herder.

Mierau, S. (2019). Mutter. Sein.: Von der Last eines Ideals und dem Glück des eigenen Weges. Beltz.

Moeller, M. L. (2016). Die Wahrheit beginnt zu zweit: Das Paar im Gespräch (35. Auflage). Rowohlt Taschenbuch Verlag.

Müller-Lissner, A. (2010, Juni 8). Was Mädchen zu Mädchen und Jungs zu Jungs macht. https://www.zeit.de/

wissen/2010-06/hirnentwicklung-kleinkinder-geschlechter

Omer, H. & Streit, P. (2016). Neue Autorität: Das Geheimnis starker Eltern. Vandenhoeck & Ruprecht.

Posth, R. (2013). Gewaltfrei durch Erziehung: Versuch einer Pädagogik des friedlichen Zusammenlebens; das Konzept der bindungsbasierten frühkindlichen Entwicklung und Erziehung (BBFEE). Waxmann.

Richthofen, C. von & Vitzthum, N. (2023). Praxisbuch Resilienz und Balance: Coaching-Kompetenz: Methoden und Tools: mit Online-Materialien (1. Auflage). Beltz.

Rodriguez, A. S. de. (2020). Es geht auch ohne Strafen! Kinder auf Augenhöhe begleiten: Impulse für Familie, Kita und Schule (2. Auflage). Kösel.

Rohr, D., Omer, H., Aarts, M. & Furman, B. (2023). Gelingende Kommunikation mit Kindern und Jugendlichen: Neue Autorität, Marte Meo und Ich schaffs! (Zweite Auflage). Carl-Auer Verlag GmbH.

Rönnau-Böse, M. & Fröhlich-Gildhoff, K. (2020). Resilienz im Kita-Alltag: Was Kinder stark und widerstandsfähig macht (Überarbeitete Neuausgabe (3. Gesamtauflage)). Verlag Herder.

Rosenberg, M. B. (2023). Konflikte lösen durch Gewaltfreie Kommunikation: Ein Gespräch mit Gabriele Seils (Taschenbuchausgabe). Verlag Herder.

Sasse, H. (2023). Konflikte lösen: Schwierige Situationen im Kita-Alltag meistern. Verlag Herder.

Scherwath, C. (2021). Liebe lässt Gehirne wachsen: Wie Bindungsbeziehungen Kinder in ihrer Entwicklung stärken: Ratgeber für Erzieher*innen in Krippe, Kita und Ganztag. Cornelsen.

Scherwath, C. & Friedrich, S. (2012). Soziale und pädagogische Arbeit bei Traumatisierung. Reinhardt.

Shanker, S. & Barker, T. (2019). Das überreizte Kind: Wie Eltern ihr Kind besser verstehen und zu innerer Balance führen (K. Wirth, Übers.; Vollständige Taschenbuchausgabe). Goldmann.

Siegel, D. J. & Payne Bryson, T. (2017). Achtsame Kommunikation mit Kindern: Zwölf revolutionäre Strategien aus der Hirnforschung für die gesunde Entwicklung Ihres Kindes (M. Kauschke, Übers.; 6. Auflage). Arbor Verlag.

Stangl, W. (2023). Neurodivergenz. Online Lexikon für Psychologie & Pädagogik. https://lexikon.stangl.eu/35449/neurodivergenz#google_vignette (Abrufdatum: 06. März 2024).

Strüber, N. (2022). Risiko Kindheit: Die Entwicklung des Gehirns verstehen und Resilienz fördern (Dritte Auflage). Klett-Cotta.

Vogt, L. (2021). Uns haut so schnell nichts um: 8 Schlüssel der Resilienz für dein Kind und dich (1. Auflage). Beltz.

Wedewardt, L. (2022). Wörterzauber statt Sprachgewalt: Achtsam sprechen in Kita, Krippe und Kindertagespflege. Verlag Herder.

Wedewardt, L. & Hohmann, K. (2021). Kinder achtsam und bedürfnisorientiert begleiten in Krippe, Kita und Kindertagespflege. Verlag Herder.

Weerts-Eden, M. (2011). „Nimm mir ein bisschen Geschwindigkeit!“ Zwiegespräche – Gegenmittel zur psychosozialen Beschleunigung. https://is.gd/HN9IP0 (Abrufdatum: 06. März 2024).

Wilhelm, N. (2019). Miteinander leben für eine Familienkultur des Miteinanders (1. Auflage). edition +plus.

Worrall, S. (2018, März 8). Personal Space: Warum unsere Distanzzone so wichtig ist. https://www.nationalgeographic.de/wissenschaft/2018/03/personal-space-warum-unsere-distanzzone-so-wichtig-ist (Abrufdatum: 06. März 2024).

Young, J. E. & Klosko, J. S. (2012). Sein Leben neu erfinden: Wie Sie Lebensfallen meistern (4. Aufl). Junfermann.

Zemp, M., Bodenmann, G. & Zimmermann, P. (2019). Außerfamiliäre Betreuung von Kleinkindern: Bindungstheoretische Hinweise für Therapeuten, Pädagogen und Pädiater. Springer.

Zimmermann, P., Spangler, G., Köhler, L., Mertens, W. & Ahnert, L. (2017). Feinfühlige Herausforderung: Bindung in Familie, Kita, Kinderheim und Jugendhilfe (Originalausgabe). Psychosozial-Verlag.

Endnoten

1 Das gaben 80 Prozent der von mir Befragten an

2 Ich erhalte tagtäglich in meine Fortbildungen neue Impulse, außerdem im Miteinander mit meinen geschätzten Kolleg:innen – ganz besonders durch den engen Austausch mit Lea Wedewardt. Mit ihr durchlebe ich viele Prozesse und Wachstumsmomente beim gemeinsamen Schreiben von Fachtexten, innerhalb der Fortbildungen und dem stetigen kritischen Reflektieren. Unsere intensive Zusammenarbeit hat meine Entwicklung in den letzten drei Jahren maßgeblich beeinflusst, und einige der Erkenntnisse, die im Buch aufgeführt sind, sind Bestandteile unserer Fortbildungen und Fachtexte. Gemeinsam haben wir die BO-Akademie für Bedürfnisorientierte Pädagogik gegründet und tragen die Inhalte in die Welt!

3 Vgl. Wedewardt/Hohmann, 2021

4 Gefühls- und Bedürfnisfinder für Therapie und Coaching (2020): Gefühle & Bedürfnisse finden und benennen – sich verstehen, verstanden werden, Empathie geben (DIN A4, laminiert), 2017)

5 Wedewardt/Hohmann, 2021

6 Hoffman et al., 2019, S. 85

7 M. B. Rosenberg, 2023, S. 27

8 In Anlehnung an Klaus Grawe (Neuropsychotherapie), Marshall Rosenberg, Jeffrey Young und Janet Klosko

9 Nach Young und Klosko, 2012

10 Fröhlich-Gildhoff et al., 2015

11 Zemp et al., 2019

12 Zimmermann et al., 2017

13 Hoffmann et al., 2019

14 Scherwarth, 2021

15 Hoffman et al., 2019

16 Ahnert/Thiel, 2020

17 Harms, 2016

18 Fröhlich, 2020, S. 30

19 Ahnert/Thiel, 2020, S. 82

20 Mierau, 2019, S. 25

21 Fröhlich, 2020

22 Müller-Lissner, 2010

23 Hohmann/Wollny, 2022

24 Fröhlich, 2020

25 Fröhlich, 2020, S. 118

26 Fröhlich, 2020

27 Übersetzt aus dem Spanischen

28 Henry-Huthmacher, 2008, S. 1

29 Henry-Huthmacher, 2008, S. 8

30 Henry-Huthmacher, 2008, S. 16

31 Henry-Huthmacher, 2008, S. 20

32 Fuchs, 2012

33 Hohmann, 2022

34 Kennedy, 2023, S. 23

35 Scherwath/Friedrich, 2012, S. 66 ff.

36 Siegel/Payne Bryson, 2017

37 Helle & Fløgstad, 2020; Siegel & Payne Bryson, 2017

38 Siehe auch: Hohmann/Wollny, 2022

39 Worrall, 2018

40 Vgl. Maywald, 2019

41 Kohn, 2020, S. 177

42 Wedewardt, 2022, S. 65

43 Kohn, 2020, S. 182

44 Hehn-Oldiges/Ostermann, 2020; Hohmann, 2020

45 Gilbert/Andrews, 1998

46 Grolimund/Rietzler, 2023

47 Scherwath, 2021

48 Scherwath, 2021

49 Eisenberger in Luerweg, 2023

50 Sasse, 2023

51 Sasse, 2023, S. 9

52 2016

53 Weerts-Eden, 2011

54 Moeller, 2016

55 M. B. Rosenberg, 2023, S. 16

56 Bergstermann/Hofer, 2022, S. 202

57 Leitsatz von Lea Wedewardt und Kathrin Hohmann zum Buch „Kinder achtsam und bedürfnisorientiert begleiten“

58 Hohmann/Wollny, 2022

59 Strüber, 2022, S. 250 ff.

60 Strüber, 2022, S. 250 ff.

61 Hombach, 2023

62 Müller in Hombach, 2023

63 Hombach, 2023, S. 39

64 Vogt, 2021, S. 24

65 Hoffman et al., 2019, S. 96

66 Juul, 2024, S. 149 f.

67 Richthofen/Vitzthum, 2023

68 Juul, 2024, S. 10 f.

69 Rohr et al., 2023, S. 11

70 Vgl. Helle, G. & Fløgstad, T. R. (2020), 198

71 Baumrind in Cloos, P., Kalicki, B., Lamm, B. & Leyendecker, B. (2022), S. 64

72 Hohmann, 2022; Rodriguez, 2020

73 Juul, 2024; Omer & Streit, 2016

74 Rohr et al., 2023, S. 12

75 Rohr et al., 2023, S. 14

76 Baumrind in Lamm, S. 64

77 Posth, 2013, S. 182

78 Rönnau-Böse/Fröhlich-Gildhoff, 2020

79 Der Großteil der Befragten (75 %) gaben an, ihre Kinder mit viel Fürsorge und Wärme und im Sinne der Bedürfnisorientierung zu begleiten. Sie versuchen bewusst, auf Strafen, Drohungen oder auch Belohnungen zu verzichten. Nur 2 % gaben an, autoritär, mit klaren Regeln und mit Belohnungen und Strafen zu erziehen. 3,5 % der Befragten sahen sich dem permissiven Erziehungsstil zugehörig, sie fordern wenig vom Kind und verzichten weitestgehend auf Kontrolle. 0,5 % fühlen sich dem Laisser-faire-Stil zugehörig, das Kind kann frei entscheiden und wird sich selbst „überlassen“. Weitere 19 %

konnten sich diesen Stilen nicht zuordnen und beschrieben mit eigenen Worten, wie sie begleiten.

80 Hoffman et al., 2019, S. 84

81 Young/Klosko, 2012, S. 52

82 M. B. Rosenberg, 2023, S. 16

83 Juul, 2017, S. 27

84 Wilhelm, 2019

85 Hoffman et al., 2019; Scherwath, 2021

86 Hofmann et al., S. 148

87 Shanker/Barker, 2019, S. 15–18

88 Shanker/Barker, 2019, S. 100 ff.

89 Shanker/Barker, 2019, S. 42

90 Delahooke, 2020, S. 129

91 Stangl, 2023

92 Juul, 2024, S. 153

93 Hoffman et al., 2019 S. 23

94 Hoffman et al., 2019 S. 24

95 Kennedy, 2023, S. 80

96 Kennedy, 2023, S. 81

97 Hoffman et al., 2019, S. 149

98 Kennedy, 2023, S. 84

99 Vgl. Wedewardt/Hohmann 2021, S. 59 ff.